Petra Knapp

Vergiß dich selber nicht!

Petra Knapp

Vergiß
dich selber nicht!

Ich-Bejahung ist kein Egoismus

Herder Freiburg · Basel · Wien

Diese Ausgabe erschien 1986 als Herder-Taschenbuch 1287
(ISBN 3-451-08287-X)
unter dem gleichen Titel

Alle Rechte vorbehalten – Printed in Germany
© Verlag Herder Freiburg im Breisgau 1986
Herder Freiburg · Basel · Wien
Herstellung: Freiburger Graphische Betriebe 1992
ISBN 3-451-22630-8

Inhalt

Fang bei dir selber an

Der ewige Feiertag
Für die stille Welt da draußen gibt es keinen
Alltag. Jeder Tag ist groß, ernst, feierlich und
verwunschener Mysterien voll wie eine Krö-
nung im Münster zu Aachen. Jeder fängt in
Purpur an und endet in Purpur.
Nur wir sind es, die aus dem Sakrament der
Lichtgebung einen Dienstag machen und einen Mittwoch. Und die dann in Briefen
schmieren: „Wollen Sie sich gefälligst am
Mittwoch zu mir bemühen, um die Angele-
genheit mit dem Mietskontrakt definitiv zu
regeln."

Victor Auburtin[1]

Ist es zu rechtfertigen, in unserer Gegenwart, in der uns Gifte be-
drohen und Raketen ängstigen, in der Gesundheit mißachtet und
Lebensräume ausgelöscht werden, zu sagen: Erkenne dich selbst;
werde, der du bist? Ist es nicht unzeitgemäß zu verlangen: Nimm
deine Möglichkeiten wahr und erfahre deine Grenzen? Rückzug
aus der allgemeinen Verantwortung ins Private? Weltflucht in die
Selbstverwirklichung?

Es ist unumgänglich notwendig, daß wir unsere Kräfte, unsere
Möglichkeiten und unsere Grenzen so klar erkennen wie möglich.
Denn wir selbst sind das Instrument, mit dem allein wir die Welt
verändern können. Wie soll denn die Welt leuchten, wenn unser
Blick trüb und unsere Kräfte gefesselt sind? Wie können wir unsere Umgebung zum Besseren verändern, wenn wir nicht einmal
unsere eigenen Bedürfnisse wahrnehmen? Wie sollen Völker ohne
Krieg miteinander umgehen, wenn nicht der einzelne mit den eigenen Angehörigen seinen Frieden macht? Oder noch früher beginnt, bei sich selbst. Anfängt, mit sich voller Achtung und Liebe
umzugehen.

Friede regnet nicht aus einer Wolke voller Gnade vom Himmel.
Er kann, wie die Geschichte uns lehrt, auch nicht durch interna-
tionale Verträge garantiert werden; aber Friede wächst aus der Zuneigung und dem vertrauenden Umgang einzelner zu- und
miteinander. Wenn nur jeder einzelne bei sich und in seinem Le-

bensbereich Frieden schafft, dann ist das bereits das Reich des Friedens. Dabei ist es müßige Kräftevergeudung, sich umzuschauen, ob die anderen bei sich denn ebenso beginnen. Denn einen anderen Menschen kann ich nicht ändern. Ich kann nur selbst so leben, wie ich es gut und richtig finde. Ich kann das Meine tun, das ist alles.

Das Meine beginnt damit, daß ich erkenne, wer ich bin. Sonst werde ich immer wieder, ohne es zu merken, vergeblich versuchen, außen, in meiner Umgebung, etwas zu erreichen, was ich aber nur erreichen kann, wenn ich im eigenen Inneren anfange, spüre, was ich empfinde.

Mir sind in meiner beruflichen Tätigkeit immer wieder Menschen begegnet, die einem anderen mehr Macht über ihr Leben einräumten als sich selbst. Häufig taten sie das sogar, ohne darum zu wissen. Damit ist nicht gemeint, daß jemand aus Rücksicht auf seine Angehörigen deren Wohlsein in seinen Entscheidungen berücksichtigt. Das gehört zum Zusammenleben. Diese Menschen waren unglücklich, lebten im Konflikt mit sich und ihrer Umgebung, weil sie nicht als sie selbst lebten und sich selbst nicht wahrnahmen. Sie standen unter dem Einfluß fremder Stimmen, die aus ihrem Inneren sprachen. Sie erfüllten Aufforderungen der Werbung, jagten von Medien propagierten Zielen nach, kopierten Stars, gehorchten der gestrigen oder heutigen Moral oder der Stimme der längst verstorbenen Mutter. Alle taten dies, ohne diese Stimme als fremd zu erkennen und ohne zu merken, daß diese fremde Stimme mit ihren wirklichen Bedürfnissen nur soviel zu tun hatte, daß sie ihr Lebensglück zerstörte.

Welche Verwüstungen fremde Stimmen anrichten, soll in den folgenden Kapiteln dargestellt werden. Denn Gegner, die man kennt, sind weniger gefährlich, Abgründe, die man sieht, sind keine Fallgruben, und solange einer nicht merkt, daß er sich in einem Gefängnis befindet, kann er nicht ausbrechen.

Eifersüchtig auf wen?

Was ist Eifersucht? Eine quälende Gefühlsreaktion auf die Tatsache oder auch auf den bloßen Verdacht, daß der Geliebte oder die Geliebte jemand anders liebt oder jemand anderem eine Zuwendung zuteil werden läßt, die man selbst beansprucht. Was für eine mühsame Definition für ein Gefühl, das jeder kennt! Ja, doch jeder kennt es anders. Eifersucht kann sehr verschiedene Gesichter haben. Ich werde vier davon zeigen, damit wir Eifersüchtige besser verstehen, seien wir es nun selbst oder unser Partner. Die Mehrzahl der Eifersüchtigen ist zum Beispiel entweder überwiegend auf den Partner *oder* auf den Rivalen eifersüchtig. Was besagt dieser Unterschied? Hat er mit dem übrigen Charakter des Betreffenden zu tun, oder mit seinem Geschlecht, oder handelt es sich um verschiedene Weisen zu lieben? Liebt ein Mann, der auf seine Frau eifersüchtig ist, diese anders als wenn seine Eifersucht sich auf seinen Nebenbuhler richtete?

Eifersucht auf den Partner

Die erste Form der Eifersucht, die auf den Partner, hat ihre Wurzeln in einem früheren Lebensalter als die Eifersucht auf den Rivalen. Sie hat zu tun mit jener frühen Zeit paradiesischer Geborgenheit bei der Mutter, von der unten im Kapitel „Mißtrauen" nochmals die Rede ist (s. S. 94 ff). Die Mutter, die ihr Kind im Säuglingsalter herzt und streichelt, wiegt und nährt, es anlächelt und ihm zärtliche Worte sagt, vermittelt ihm mit dem Empfinden, geliebt zu werden, zugleich auch das Gefühl, liebenswert zu sein.

Wenn diese frühe Geborgenheit nicht oder nur sehr begrenzt entstehen konnte, so kann das viele Ursachen gehabt haben: Tod der Mutter und Mangel an Zeit oder Einfühlung der Ersatzpflegepersonen, körperliche oder seelische Krankheit der Mutter, Überlastung durch Arbeit und Sorgen, Krankenhausaufenthalt des Kindes (aus der Erkenntnis, wie wichtig für den Genesungsprozeß die Nähe der Mutter ist, sind moderne Kliniken dazu übergegangen, auf ihren Säuglings- und Kleinkindstationen mit den erkrankten Kindern auch die Mütter aufzunehmen) – was immer es war, der Mangel wird, wenn er nicht durch spätere Erfahrungen ausgeglichen wurde, dazu führen, daß der Betreffende im Grunde seines Herzens daran zweifelt, liebenswert zu sein. Der Säugling war ja nicht imstande, die reale Notsituation zu begreifen, die seine Mutter hinderte, ihn so mit Wärme und Liebe zu umgeben, wie sie es vielleicht gewollt und er gebraucht hat. Er hat nur erlebt, wie weh es tut, wenn man wartet und wartet und die Person, nach der man verlangt, kommt nicht.

Ein satter Säugling im Arm seiner Mutter ist allumfassend und grenzenlos glücklich. Er unterscheidet kaum zwischen sich hier und der Mutter dort, für ihn ist alles eins, die Zufriedenheit in ihm und die Wärme und das Lächeln der Mutter. Ebensowenig unterscheidet ein verlassener Säugling. Auch für ihn ist das Unbehagen allumfassend, alles ist Mangel, Entbehrung, Verlassenheit. Sind die bergenden und befriedigenden Erlebnisse zu selten, so kann er nicht lernen zu warten, denn seine Erinnerung reicht noch nicht über lange Zeiträume. So kann er auch nicht darauf vertrauen, daß die Mutter irgendwann wiederkommt, wenn er nur wartet. Und wenn sie da ist, so ist er unsicher, ob das nun die „gute" Mutter ist, die sich ihm liebevoll zuwendet, oder die „böse" Mutter, die ihn wieder verlassen wird. Eine gute Mutter kommt immer wieder (Urvertrauen); eine böse Mutter verläßt einen immer wieder. Und wenn man immer wieder verlassen wird, dann wird man nicht geliebt. Dann ist man auch nicht liebenswert, denn wenn schon die eigene Mutter einen nicht liebte, wer soll es denn dann tun? Mangel an der Erfahrung, geliebt zu werden, Selbstzweifel und Bitterkeit verbinden sich mit einer maßlosen Sehnsucht, das nur erahnte Paradies der Einheit mit einem Menschen doch noch in der Liebe zu erleben. Sehnsucht und Angst zugleich. Solche Menschen lassen einen anderen schwerlich nahe kommen, lassen ihn nicht ein in ihr Inneres. Nähe macht ihnen Angst, die alten Wunden würden wieder angerührt, Angst auch, sie würden letztlich doch nicht geliebt. „Keine Frau, die mich so sieht, wie ich wirklich bin, kann mich dann noch lieben", „wer mich liebt, bei dem kann irgendwas nicht ganz in Ordnung sein" sind charakteristische Aussprüche für diese Angst.

Wenn sie sich aber doch an einen Partner binden, dann heißt Lieben für sie ungeteiltes Einssein mit dem Geliebten. In irgendeiner Hinsicht verschiedener Meinung sein, unterschiedliche Interessen haben und nicht alles und jedes gemeinsam unternehmen, erscheint ihnen bereits als Anfang vom Ende, als Trennung. Die Verschiedenheit an Ansichten, Begabungen und Interessen, die für andere Paare Bereicherung und die Chance bedeuten, miteinander immer wieder zu sprechen, ohne sich zu langweilen, ist für sie eine Bedrohung. Vor allem erwarten sie vom Partner eine übergroße, eine so unendliche und allumfassende Erfüllung, als solle die Liebe der Erwachsenen sie für das mit der Mutter nicht erlebte zu zweit Einssein entschädigen.

Da der Partner der seelische Erbe der als unzuverlässig erlebten Mutter ist, wird der Jubel, endlich doch geliebt zu werden, von dauerndem Zweifel an der Aufrichtigkeit und Tragfähigkeit seiner Liebe getrübt. „Kann er (oder sie) mich denn wirklich lieben? Vielleicht hat er bald genug von mir oder betrügt mich gar jetzt schon insgeheim. Zumindest in Gedanken." Die Bodenlosigkeit des Zweifelns hindert den Betreffenden, an das zu glauben, wonach er sich am allerinnigsten sehnt.

Gibt der Partner ihm aber tatsächlich Anlaß zur Eifersucht, so ist das für ihn die Bestätigung einer Katastrophenerwartung, die schon fast Gewißheit war, und eine zweite Vertreibung aus dem Paradies zugleich. „Eifersucht nährt sich von Zweifeln, und sie wird zur Wut oder vergeht, sobald man aus den Zweifeln zur Gewißheit gelangt", sagt La Rochefoucauld [2]. Die Wut richtet sich gegen den Partner, weil er es ist, der einen verraten hat. In ihm verkörpert sich die böse Mutter und das grausame Verhängnis, ungeliebt zu sein.

Für diese Menschen geht es in der Liebe um alles oder nichts. Sie können sich nicht vorstellen, daß ihr Partner einen Seitensprung machen und sie trotzdem wirklich lieben kann. Sie wollen sich das auch nicht vorstellen. Was sie wollen, ist sich rächen an ihm, zurückschlagen, ihn ausstoßen aus ihrem Inneren, ihn vernichten. Daher kämpfen sie auch kaum jemals um seine Rückkehr, sondern reagieren auf Untreue eher mit Abbruch der Beziehung und Trennung.

Daß nicht der Rivale gehaßt wird, begründen sie manchmal logisch: auf die Freundin des Mannes sei sie nicht eifersüchtig, sagte eine Frau in einer Diskussion über unser Thema, sie könne gut verstehen, daß ihr Mann der gefällt. Schließlich gefalle er ihr selbst ja auch. Wenn ihm die andere auch noch so schöne Augen mache, sei es immer noch seine Schuld, wenn er sich der zuwende. Er sei ein erwachsener Mann, er habe es zu verantworten, ob er untreu werde. Das mag logisch richtig sein, psychologisch aber läßt sich das Desinteresse für den Rivalen des so Eifersüchtigen damit erklären, daß der Rivale für ihn eigentlich gar nicht existiert. Psychisch gibt es – wie es für den Säugling nur die Mutter und ihn selbst gab – für ihn nur sich und den Partner. Den Partner, der nur in einer einzigen Hinsicht interessant ist, ob er einen nämlich liebt oder nicht liebt. Liebt er einen nicht ausschließlich, so wird er gehaßt.

In ihrem Urvertrauen stärker gestörte Menschen zerstören ihre Partnerschaften gelegentlich durch wahnhafte und unbegründete Eifersucht. Mit der Intensität, mit der sie lieben könnten, wären sie einst geliebt worden, verdächtigen sie den Partner. Alles und jedes was er tut und unterläßt, bringen sie in Zusammenhang mit einer möglichen Untreue. Sie glauben ihm nicht, sie stellen ihm Fangfragen, kontrollieren ihn, durchsuchen seine Taschen und Schubfächer, spionieren ihm nach. Daß ihr Partner sich gegen die fortwährende Kontrolle gar nicht anders wehren kann, als daß er Dinge zu verschweigen beginnt, ist für sie ein bitterer Triumph. Sie verhalten sich dem „Geliebten" gegenüber nach dem Motto: ich werde dich schon dahin bringen, daß du mir meine Ungeliebtheit bestätigst, daß du mich hintergehst und betrügst.

Nach alledem ist die Eifersucht auf den Partner im allgemeinen viel zerstörerischer als die, die sich auf den Rivalen richtet.

Eifersucht auf den Rivalen

Stellen wir uns ein Paar vor, dessen einer Teil, sagen wir die Frau, eifersüchtig ist. Das Paar sitzt eines Sommertages am Strand zwischen Menschen, die baden, spielen, sich sonnen. Voller eifersüchtiger Angst schaut die Frau – wohin? Gehört sie zur ersten Kategorie und ist auf den Partner eifersüchtig, so beobachtet sie ihren Mann, folgt verstohlen seinem Blick. Hat er die Augen wirklich in der Zeitung, die er zu lesen vorgibt, oder blinzelt er über den Rand, um heimliche Blicke auf andere Frauen zu werfen? Atmet er gleichmäßig oder geht sein Atem schneller, oder zeigt er andere Zeichen von Erregung? Schaut er tatsächlich einer Frau nach, so empfindet sie hilflose Wut gegen ihn. Was ihm an der anderen gefällt, interessiert sie wenig, daß er überhaupt wegschaut von ihr und einer anderen nach, das gibt den Ausschlag.

Anders, wenn sie in der zweiten Weise eifersüchtig ist, auf die Rivalin. Dann verfolgt sie nicht die Blicke ihres Mannes, sondern läßt ihren eigenen Blick am Strand auf und ab wandern auf der Suche nach attraktiven Konkurrentinnen. Jede schöne Frau ist eine potentielle Bedrohung, jede könnte ihm gefallen, ihn begehren, ihn verführen. Sie vergleicht die anderen mit sich selbst, die Figur, das Gesicht, den Gang ..., sie fragt sich und unter Umständen auch ihren Mann, ob dieses oder jenes Mädchen ihm gefallen würde.

In der Eifersucht auf den Partner geht es um alles oder nichts, um die Angst, wenn er sich abwendet, liebt er mich gar nicht mehr. Sie kennt keine Zwischentöne. Das macht sie unversöhnlich und zerstörerisch.

In der Eifersucht auf den Rivalen dagegen geht es um mehr oder weniger, um die Frage, wen liebt der Partner mehr, wer gefällt ihm besser, wem von uns beiden ist er mehr verpflichtet, für wen entscheidet er sich – für mich oder den anderen (die andere)? Wer so eifersüchtig ist, dessen Wut richtet sich bei begründeter Eifersucht gegen den Nebenbuhler oder die Rivalin. Nicht selten sucht man den Kontakt zu ihm, um sich insgeheim mit ihm zu messen, mit dem Vorwand, ihm moralische Vorwürfe zu machen, mit ihm zu verhandeln oder ihn zu kränken. Man begegnet ihm mit einer Mischung von Faszination und Haß. Während der auf den Partner

Eifersüchtige sich ganz allein herumquält und niemanden ins Vertrauen zieht, neigt der auf den Rivalen Eifersüchtige zur Redseligkeit. Bekannten gegenüber, denen er seinen Kummer anvertraut, stellt er den Rivalen als minderwertig, berechnend, bösartig hin, mit unlauteren Tricks habe er oder sie einem den Partner abspenstig gemacht. Natürlich ist man auch auf den Partner zornig, aber der Zorn geht nicht so tief, daß er die Zuneigung zerstörte. Im Grunde möchte der Eifersüchtige den Rivalen eliminieren und den Partner zurück, möchte, daß es wieder so wie vorher sei, ehe der andere kam und die Beziehung störte.

Frühkindliches Vorbild dieses Eifersuchtserlebens ist die Geschwisterrivalität.[3] Es wurzelt damit in einer Entwicklungsphase, in der das Kind bereits älter war und ein weitaus komplexeres Beziehungsgefüge überblickte als im Säuglingsalter. Nicht mehr die Mutter allein ist wichtig, der Vater, ältere Geschwister und die übrigen Familienmitglieder sind auch dabei, und wenn die Mutter ein nächstes Kind bekommt, ist man nicht mehr das jüngste. Besonders der Erstgeborene empfindet die Ankunft des Zweiten als Entthronung. Bisher war er der einzige, nun auf einmal wendet die Mutter so viel von ihrer Zeit und ihrer Liebe dem Baby zu, das doch längst nicht so gescheit und geschickt ist wie man selbst. Im Umgang mit den Geschwistern lernt man teilen, sich zur Wehr setzen und nachgeben, sich streiten und versöhnen. Geschwister können einander lästig sein, aber sie mögen sich, vor allem, wenn die Eltern jedes einzelne ihrer Kinder spüren lassen, daß sie es liebhaben. Liebhaben, gerade weil es so ist wie es ist. Es in seiner Eigenart bestätigen und es nicht vergleichen mit seinen Geschwistern und ihm vorhalten, was diese besser machen.

Hat aber ein Kind das Gefühl, die Geschwister würden ihm vorgezogen, sei es wegen ihres Älter- oder Jüngerseins, wegen ihres anderen Geschlechts, Charakters oder einer besonderen Begabung oder Behinderung, so wird es eifersüchtig auf Bruder oder Schwester. Wenn sie nur nicht da wären, dann würden die Eltern einem wieder ihre ganze Liebe ungeteilt zuwenden.

Jemand, der Geschwister hat, besitzt von daher eine stabilere Basis für seine Partnerschaft als Einzelkinder. Er hat bereits in frühen Jahren in vielfältigen Beziehungsmöglichkeiten erlebt, daß man sich beim anderen Trost holen kann, wenn man mit dem einen zerstritten ist, daß Streit und Ungerechtigkeiten kein Weltuntergang sind, daß man sich wieder versöhnen kann. Er ist nicht auf Gedeih und Verderb auf eine Person bezogen und erwartet mit dieser auch keine ewige Harmonie, wie das Einzelkind oft und der in seinem Urvertrauen Geschädigte immer.

In der Eifersucht, die aus der Geschwisterrivalität stammt, ist die Beziehung zum Liebespartner viel haltbarer als in der aus früher Verlassenheit stammenden Eifersucht. Da man als Kind erlebte, daß Vater oder Mutter ja wieder gut waren, wenn sie sich einem wieder zuwandten, erwartet man dies vom Partner auch. Wenn nur der andere, der störende Rivale, nicht wäre, dann hätte man die Liebe des Partners wieder ungeteilt für sich.

Ergibt sich Anlaß zur Eifersucht in einer Liebesbeziehung, wo die Partner verschiedene „Eifersuchtstypen" sind, so kann das zu erheblichem gefühlshaftem Mißverstehen führen. „Du mußt doch einsehen, daß du nicht die einzige Frau auf der Welt bist. Darum liebe ich dich trotzdem immer noch am meisten", sagte ein Mann, der drei Schwestern hatte, nach einer Reihe von Seitensprüngen zu seiner Freundin. Ihr aber, Einzelkind und in ihrem Urvertrauen gestört, war diese Einsicht nicht möglich. Wenn sie für ihn nicht die einzige war, dann konnte er sie nicht lieben, so empfand sie und trennte sich von ihm – zu seinem großen Kummer.

Der ausgeschlossene Dritte

Eine dritte Eifersuchtsart entsteht aus einer Wiederholung des kindlichen Erlebens, von der Gemeinschaft der Eltern ausgeschlossen zu sein. Die Eltern schicken einen fort, wenn man sie in ihrer zärtlichen Intimität im Bett stört, sie nehmen einen nicht mit, wenn sie abends festlich gekleidet fortgehen, weil man noch zu klein ist.

Dieses Erleben gehört zum von der Psychoanalyse so genannten „Ödipuskomplex": „Die Konstruktion Ödipuskomplex beruht auf Tatsachen, die jeder, der sich traut hinzuschauen, an kleinen Kindern zwischen etwa drei und sechs Jahren beobachten kann. In dieser Zeit entwickeln sie ein lebhaftes Interesse an den eigenen und fremden Genitalien und geraten in einen sich oft dramatisch äussernden Konflikt: Sie wollen den gegengeschlechtlichen Elternteil für sich allein und wünschen deshalb den anderen weg, wobei das totale Wegsein sich auch als ‚Totsein‘ vorstellen läßt. Die schmerzliche Erfahrung, daß die Eltern zusammengehören und keiner von ihnen für das Kind ganz und allein auf Dauer zu haben ist, führt zum Verzicht auf die unrealistischen Ansprüche und zur Identifikation mit dem gleichgeschlechtlichen Elternteil, also zur Übernahme der ‚richtigen‘ Rolle der eigenen Geschlechtsidentität ... Dabei wird das Kind im Idealfall getragen von der unerschütterten, durchgehaltenen Liebe *beider* Eltern, die seine Erkundungsversuche, seine Liebe, das, was Freud gern seine ‚Schlimmheit‘ nannte, und auch sein Scheitern nicht übelnehmen, sondern ihm helfen, diese in mancher Hinsicht schwere, leidenschaftliche Zeit als eine letztlich gute, notwendige Erfahrung durchzustehen ...[4] Das Kind erlebt in seiner Familie zum ersten Mal ein Beziehungsdreieck, wie es später immer wieder welche erleben wird. In diesem Urdreieck, das in die Zeit größter menschlicher Prägbarkeit fällt, stehen dem Kind eben nicht, wie es gern vereinfacht dargestellt wird, eine geliebte und eine gehaßte Person gegenüber, sondern *zwei* geliebte, die es braucht und nicht verlieren darf."[5]

Wenn die Eifersucht des Erwachsenen, die diesen vielschichtigen und widersprüchlichen Gefühlen aus seiner Kindheit entstammt, Reaktionen auf eine reale Untreue des Partners ist, dann ist sie „normal", berechtigt und nicht wahnhaft oder neurotisch. Sie äußert sich weniger in Wut auf den Partner oder den Rivalen als in Schmerz und Trauer über den eigenen Verlust. Insgeheim oder offen klagt man eher beide an, daß sie offenbar kein Gefühl für die Schmerzen haben, die sie einem zufügen, nicht an das Leid denken, das sie einem antun. In solchen Fällen erscheint Eifersucht als normale, zur Bewältigung des Schmerzes notwendige Auseinandersetzung mit Gefühlen der Enttäuschung, Kränkung und Verlassenheit.

Man findet diese Eifersucht des ausgeschlossenen Dritten aber auch als Vorform und Ersatz für Partnerschaft bei Menschen, die sich immer wieder in jemanden verlieben, der bereits gebunden ist oder wo die Liebe aus anderen Gründen von vornherein zum

Scheitern verurteilt ist. Frauen, die sich in Priester, Homosexuelle, sexuell desinteressierte oder offen promisköse bindungsunfähige Männer verlieben, seien als Beispiel genannt. Damit sie sich überhaupt verlieben können, muß die Beziehung aus irgendeinem Grund unmöglich sein.

Manchmal behaupten die Betreffenden, am Anfang ihrer Verliebtheit noch nicht gewußt zu haben, daß der andere verheiratet, fest gebunden oder notorisch untreu sei. Das hätten sie erst später erfahren, als ihre Gefühle für ihn sich schon zu leidenschaftlicher Liebe entwickelt hätten. Ruft man sich jedoch die Situation des Kennenlernens nachträglich genau in die Erinnerung zurück, so stellt sich regelmäßig heraus, daß es bereits damals Anzeichen und Hinweise auf die „Unmöglichkeit" des Geliebten gegeben hat, die man freilich nur unterschwellig wahrgenommen hat. Aber das Unbewußte registriert genau und trifft die unmögliche Wahl mit tödlicher Sicherheit. Die Liebe ist zugleich Glück und Qual – Glück, ganz erfüllt zu sein von Sehnsucht nach dem Geliebten, Qual, ihn nicht zu erreichen oder, ihn immer wieder zu verlieren, ihn teilen zu müssen mit seinem „rechtmäßigen" Partner.

Stellen wir uns eine Frau vor, die sich jahrelang an einen verheirateten Mann bindet. Genauso gut kann umgekehrt das folgende für einen Mann gelten, H. Baumgart schildert zum Beispiel, wie Goethe „ein Genie dieser unmöglichen Liebe" war.[6] Nehmen wir an, die beiden, der Mann und seine Geliebte, würden dann und wann glückliche Stunden und sogar Tage miteinander verbringen. In den dazwischen liegenden Zeiten aber stellt die Frau sich vor, wie ihr Freund jetzt im Kreis seiner Familie lebt und quält sich mit Sehnsucht, Schuldgefühlen und der Hoffnung, über seine Ehefrau und Familie zu siegen – bis zum nächsten Zusammensein mit dem Geliebten. Es gibt keinen Alltag in einer solchen Liebe, auch nicht die Konflikte, die aus der täglichen Realität entstehen, es gibt keine Veränderung und kein Wachstum.

Es verhält sich nun aber nicht so, wie man manchmal meint, daß Unfähigkeit zu einer „richtigen" gelebten Beziehung mit ihren Alltagssorgen zu der Position der (oder des) ausgeschlossenen Dritten führt. Der wirkliche Grund liegt in einer unbewußten ödipalen Bindung an den gegengeschlechtlichen Elternteil, in unserem Fall also der Tochter an den Vater.

Natürlich wurzelt nicht jede unglückliche Liebe in einer ödipalen Bindung an den Vater oder beim Mann an die Mutter. Es kann auch ganz einfach echte Liebe zu jemandem sein, der – noch – an einen anderen gebunden ist. Das stellt sich dann heraus, wenn die bisher unmögliche Liebe möglich wird, wenn das Ringen um den Geliebten zum Erfolg geführt und dieser sich von seinem bisherigen Partner getrennt hat. Handelte es sich um eine Verliebtheit aus dem inneren unbewußten Bedürfnis, die ausgeschlossene Dritte zu sein, so wird statt des in einer normalen Liebe zu erwartenden Jubels über den Sieg die Liebe sich auflösen. Das Begehren nach dem unerreichbaren Geliebten verblaßt, sobald dieser die Betreffende für immer in seine Arme nimmt.

Warum ist das so, warum verschwindet die Liebe in solchen Fällen in dem Augenblick, in dem sie sich am Ziel sieht? Geht es ihr nur ums Siegen, nicht um den Geliebten? Nein, so einfach ist es nicht.

Schauen wir uns nochmal die Frau unseres Beispiels an. Sie hatte, wie viele Töchter, das Empfinden, den Vater viel besser zu verstehen und sich in ihn viel besser einfühlen zu können, auch ohne daß es vieler Worte bedurfte, als die Mutter das konnte. Eigentlich wäre sie die liebevollere Frau für den Vater. Aber solche Gefühle sind zu gefährlich. Ehe sie überhaupt ins Bewußtsein treten, werden sie verdrängt. Eine der stärksten Kräfte, die zur Verdrängung der verbotenen Liebe zum Vater führen, ist die Angst vor der ungeheuren Strafe der Mutter.

Das ist die eine Gefühlsebene, die in der ödipalen Bindung wirksam ist. Eine andere leitet sich aus der von der Tochter unterschwellig deutlich wahrnehmbaren Zuneigung des Vaters her. Auch er liebt seine Tochter, auch er verbirgt seine Faszination vor sich und vor der Welt, aber dennoch spürt es die Tochter. Sie spürt, daß sie ihm teurer ist als alles auf der Welt, und daß er sie keinem Mann lassen will. Indem sie sich in unerreichbare Männer verliebt, bleibt sie dem Vater treu und gehorcht seinem mit dem Ohr des Unbewußten gehörten Verbot, einem anderen Mann als ihm anzugehören.

Die ausgeschlossene Dritte wiederholt die Situation des Kindes, das aus der Entfernung die Liebe der Eltern miterlebt, die ihm verwehrt ist; der unerreichbare Geliebte ist für ihr Unbewußtes zugleich Nachfolger des Vaters und somit tabu, weil er der Mutter gehört, wie auch der Mann, den zu lieben ihr der Vater immer noch verbietet. *Das* sind die Gründe für das Schwinden der Liebe, sobald sie möglich wird. Erst, wenn diese Gründe im konkreten Einzelfall erkannt und nochmals durchlebt worden sind, kann die Betreffende unterscheiden zwischen dem Vater und ihrem Partner, kann sich selbst erlauben, erwachsen zu sein und sich das Recht auf Liebe zu nehmen.

Klatschsucht und Neid

Zu allen Zeiten sind Menschen gierig nach Berichten von blutigen und grausamen Verbrechen gewesen. Ehe es Boulevardblätter gab, zogen Moritatensänger durch Dörfer und Städte. Grauen, daß so etwas möglich ist, mischt sich mit Befriedigung, daß ein anderer, nicht ich, ein Verbrecher ist.

Das lüsterne Vergnügen an Sensationen kommt daher, daß in der Seele des Betrachters Wünsche nach Zerstörung, Quälen, Grausamkeit uneingestanden schwelen, die sich beim Anblick von Untaten und fremdem Schaden befriedigen. Daher die heimliche Freude, die sich ins Bedauern mischt beim Anblick von Großbränden, daher die prickelnde Aufregung, mit der man über grauenhafte Verbrechen spricht. Die Erleichterung spielt eine Rolle, daß man selbst nicht betroffen ist und auch nicht schuldig. Schuld und Schaden tragen andere. Doch ohne die heimliche Befriedigung der Identifikation mit dem Verbrecher würde man nur Bedauern, Mitleid und Abscheu spüren. Die Lust an der Sensation stammt aus der Wurzel unserer eigenen Fähigkeit zum Verbrechen, aus unserer Lust, andere zu schädigen, aus dem verdeckten Verlangen, böse zu sein. Mag sein, daß dieses Verlangen im Grunde genommen Verlangen nach Rache ist, eine Antwort auf frühe Demütigungen durch die starken, fast allmächtigen Erwachsenen.

„Zeitweise hatte man mich gezwungen, als Kellner in einem Restaurant meine größten Feinde zu bedienen. Die Versuchung, ihr Essen zu vergiften, war damals nicht gering," sagt Deng Xiaoping[7].

Nach den Ereignissen vom 4. Juni 1989 auf dem Platz des Himmlischen Friedens in Peking lese ich dieses Zitat mit Grauen: Deng Xiaoping hat sich seine destruktiven Wünsche nicht bloß bewußtgemacht, er hat sie – wie auch andere Mächtige der Geschichte (Hitler, Stalin, die Inquisition) in unmenschlicher Weise verwirklicht. Eigene Wünsche, auch unmoralische und zerstörerische, wahrzunehmen zwingt uns jedoch nicht zu ihrer Verwirklichung, sondern macht uns frei, uns zu ihrer Beherrschung zu entscheiden. Denn was ich nicht sehe, darüber kann ich nicht verfügen. Ein Pferd kann ich erst zügeln, wenn es vorhanden ist. In diesem Sinn zitierte ich Deng Xiaoping.

Die kleinbürgerliche Verwandte der Sensationslust ist die Klatschsucht. Man steckt die Köpfe zusammen und tratscht, kommentiert mit boshaften Bemerkungen das Treiben der Nachbarn: was die sich schon wieder geleistet haben! Geleistet in moralischer, sexueller, finanzieller Hinsicht. Auch hier: Antrieb und Motor der Klatschsucht ist das eigene versperrte Triebleben. Klatsch gedeiht am üppigsten in miefiger Enge. Wenn man das Gefängnis kleinbürgerlicher Moralität nicht verlassen, die Sorge darum, was die Nachbarn denken könnten, nicht überwunden hat, dann hält man sich wenigstens ein bißchen schadlos, indem man anderen neidet, was man selbst nicht wagt.

Einen Schritt zur Bewußtheit getan hat, wer seinen Neid spüren kann. Neid kann gegensätzliche Gesichter haben, ein abstossendes und ein schönes. Häßlich ist der schwelende Neid, der mit scheelem Blick auf den Beneideten schielt. Das ist der Neid, dem die Trauben zu sauer sind. Man gesteht sich nicht ehrlich sein Verlangen ein, will es nicht wahrhaben, daß man den anderen um Eigenschaften, Potenzen oder Besitz beneidet. Stattdessen versucht man, den Abstand zwischen dem eigenen Unwert, der eigenen Armseligkeit und dem Glanz des anderen dadurch zu verkleinern, daß man den anderen entwertet, herabzieht, auf ihn hinunterblickt. Scheeler Neid kann auch hinter der reduktionistischen Denkweise stehen, die das Große und Wunderbare letztlich aus „nichts als" niederen Beweggründen, aus primitiven Vorgängen bestehend ansieht: „Die Neunte Symphonie ist schließlich nichts als Luftvibrationen, Liebe beruht auf nichts als biochemischen Stoffwechselvorgängen, und der Mensch ist ein intelligentes Tier ..."

Manchmal hüllt sich scheeler Neid in ein moralisches Gewand, tritt auf im Namen irgendeiner Religion, Ideologie oder Gesundheitslehre und verdammt die Andersdenkenden. Der eigene Mangel wird mit moralischen Etiketten zur gottgefälligen Entsagung aufgewertet und wer anders lebt, unbarmherzig verfolgt. Wer diät lebt, haßt den Genießer, der Zölibatäre verachtet den Liebenden, dem Antialkoholiker ist der Weinkenner verdächtig. Wäre da nicht Neid im Spiel, so ließe man den anderen mit Gleichmut essen, lieben und trinken. Nicht Fanatismus ist es, der blind macht, sondern wer blind ist für die eigenen Wünsche und Sehnsüchte, der wird zum Fanatiker, der draußen bekämpft, was in ihm selbst schwelt.

Schön dagegen ist der offene Neid, der Neid, der den anderen bewundert. Er will dessen Glanz nicht zerstören, er weckt nur das Verlangen, selber zu strahlen. Es ist der glühende Neid, der nicht den anderen herabzieht, sondern die Sehnsucht verleiht, zu seiner Höhe hinaufzusteigen. Er sagt nicht, „eigentlich ist es ja Dreck, wenn man es genau betrachtet," sondern: „wie schön das ist – das möchte ich auch können, oder haben, oder, so möchte ich auch sein."

Der Mensch, der sich seine Sehnsucht nach der Kraft oder dem Können oder dem Besitz eines anderen eingesteht, ist durch dieses Bewußtsein nicht nur fähig, sich all das zu erwerben, er kann auch, wenn es sich als unmöglich erweist, darauf verzichten.

Ist es nicht gefährlich,
die eigenen Wünsche wahrzunehmen?

Der Unterschied zwischen dem uneingestandenen schwelenden Neid und dem bewußten glühenden Neid ist nur die Wahrhaftigkeit. Die Verlogenheit, der die eigenen Wünsche unbekannt sind – und die auch um sich selbst nicht weiß –, läßt Sensationslust, Klatschsucht und Neid in solch trübem Licht erscheinen. In dem Augenblick, in dem ein Mensch seine Sehnsüchte und Wünsche wahrnimmt und zu ihnen steht, wirkt er liebenswert. Selbst wenn seine Wünsche so unmoralisch sind wie die von Deng Xiaoping.

Aber wenn es wahr ist, daß das Dunkel unseres Unbewußten aggressive, böse und unmoralische Wünsche verbirgt, wäre es nicht besser, sie blieben dort? Sollen wir sie nicht besser eingesperrt lassen? Was kann geschehen, wenn wir die Tore dieses Gefängnisses öffnen? Wenn wir unsere Wünsche wahrnehmen, annehmen und gar äußern, werden wir dann nicht überflutet von unkontrollierbaren Mächten? Werden wir zu Mördern unserer Vorgesetzten? Werden wir die Reichen berauben, unsere Kinder verlassen, unsere Ehen brechen? Wird nicht alles, was bisher unerkannt vor unserem Wissen verborgen war, werden nicht unsere teuflischen Möglichkeiten uns hemmungslos überwältigen? So, wie Jähzorn auf einmal einen sanften Menschen überkommt und ihn zum Rasenden macht?

Diese Angst ist unberechtigt. Eine Bombe verdankt ihre Sprengkraft nur der Tatsache, daß das explosive Material in ihr fest verschlossen ist. Die Angst, von unseren Wünschen überwältigt zu werden, sobald wir sie wahrnehmen, beruht auf der Verwechslung von Erleben und Ausleben von Wünschen. Einen Wunsch haben heißt noch nicht, ihn in die Tat umsetzen! Zur Rechenschaft kann man uns nur für unsere Taten ziehen; für unsere Wünsche aber sind wir so wenig Rechenschaft schuldig wie für unsere Gefühle. Wünsche und Gefühle sind ebenso Teil von uns wie unsere Fähigkeiten. Daß jemand gerade zornig ist oder glücklich oder sich verliebt hat, daß er Schmerzen hat oder von Lebensfreude erfüllt ist, das gehört so zu ihm wie seine Augen.

Ob er zeigt oder verbirgt was er fühlt, das ist eine andere Sache.

Was einer tut, das sollte er selbst entscheiden und allein verantworten. Was einer fühlt und wünscht, das sollte er wahrnehmen. Dann erst ist er imstande, seine Entscheidungen unter Berücksichtigung aller Gegebenheiten zu treffen. Zu den Gegebenheiten, die für Entscheidungen wichtig sind, gehört die eigene Existenz und die eigene Befindlichkeit.

Was macht das Leben reich? Ist es Besitz, sind es eigene Fähigkeiten, ist es die Schönheit der Welt? Worin der Reichtum des Lebens auch bestehen mag, er würde uns gar nichts bedeuten, wenn wir ihn nicht begehren könnten. Stumpf, gefühllos wie ein Stein wären wir in der Welt ohne unsere Wünsche. Gleichgültig wäre sie uns. Alles gälte uns gleich wenig, wenn wir nicht das Schöne und Gute wünschen und das Zerstörende fürchten könnten. Blind wären wir für die Schrecken und für die Herrlichkeit der Welt, hätten wir unsere Hoffnungen, unsere Befürchtungen, unsere Wünsche nicht. Kein Gebet entströmte unseren Herzen und kein Dank.

Nicht materieller Reichtum macht einen Menschen reich, sondern seine Wünsche. Die erst können ihn bewegen, sich anzustrengen, um sie sich erfüllen zu können. Oder, ist er schon reich, sein Vermögen sich und anderen zur Freude zu verwenden. Aber ein Reicher ohne Wünsche, wie arm ist der! Mitten im Gold hockt er und kann's nicht zu Freude verwandeln, weil Freude erst aus der Erfüllung von Wünschen entsteht.

Aber wie? Wünsche sollen reich machen? Machen sie nicht im Gegenteil arm? Denn erst, wenn einer sich etwas wünscht, fehlt es ihm. Nur wer nichts begehrt, braucht nichts. Der Buddhismus lehrt, das Wünschen zu lassen, um zum Ziel des Lebens, zum Nicht-Sein, ins Nirvana zu gelangen.

„Selig ist, die Leidenschaft ganz zu überwinden und alles Wünschen!" sagt Buddha, und: „Nach Verwerfung der Freuden und Leiden, nach Vernichtung des einstigen Frohsinns und Trübsinns erwirkt der Mönch die Weihe der leidlosen, freudlosen, gleichmütig einsichtigen, vollkommenen Reinheit ..."[8] Auch die Stoiker wollten Seelenruhe durch Gleichgültigkeit gegenüber dem Leben erreichen, indem sie das Ideal affektfreier Ataraxie (Gleichmut) priesen.

Wem sein Leben nichts bedeutet als einen Umweg zum Tode, der mag solchen Idealen folgen und seine Wünsche abtöten. Allerdings ist nicht recht einzusehen, warum er sich dann nicht gleich umbringt, da er sich ja doch ums Leben bringen will.

Wem aber Leben zur Freude und zur Liebe da ist (wie den Christen zum Beispiel, obwohl man nicht unbedingt Christ sein muß, um den Sinn des Lebens in der Liebe und in der Freude zu sehen), der findet umso mehr Möglichkeiten zur Erfüllung des Lebens, je klarer er seine Wünsche und Sehnsüchte wahrnimmt. Der Sinn von Liebe ist, einander Freude zu bereiten und sich an der gemeinsamen Freude zu freuen. Das Leben ein Fest, der ewige Feiertag.

Und der Verzicht? Wir können uns doch unmöglich alle Wünsche erfüllen, jede Laune befriedigen. Dazu ist unser Dasein zu begrenzt. Wir haben nicht nur zu wenig Zeit, weil wir sterben müssen, schon während des Lebens müssen wir verzichten: auf Begabungen und Möglichkeiten, auf Schönheit, auf unsere Jugend, auf geliebte Menschen, auf Besitz, auf Gesundheit und Kraft. Verzicht ist notwendig. Verzicht kann verbittern, kann uns aber auch gütiger, liebevoller, verstehender werden lassen. Daß wir verzichten müssen, ist ein Instrument Gottes – oder des Schicksals –, das uns überhaupt erst wir selbst sein läßt. Denn ich selbst bin ich nur mit der Kontur meiner Person. Kontur ist Grenze. Ohne Grenze wäre der Mensch grenzenlos, unpersönlich, alles und nichts. Verzicht ermöglicht, daß wir sind, die wir sind. Bewußt und wirklich sind wir durch bewußten Verzicht.

Wichtig ist, daß wir nicht auf unsere Wünsche, sondern nur auf ihre Erfüllung verzichten sollen. Aus tief empfundenem, schmerzlich gefühltem Sehnen und der Erkenntnis um die Unmöglichkeit der Erfüllung entsteht Verzicht. Nicht der Mensch ist groß, der seinen Hunger unterdrückt, sondern der, der ihn aushält. Hunger mag hier für jede Sehnsucht stehen.

Doch oft müssen wir erfahren, daß unsere Kraft nicht ausreicht, die Schmerzen des Verzichts fortwährend zu ertragen. Mancher Kummer ist zu schwer, mancher Verlust zu trostlos. Als Übergang, um weiterleben zu können, geht es manchmal nicht anders, als zu versuchen, unsere Wünsche und den Kummer um ihre Unerfüllbarkeit zu vergessen. Sonst wären keine Kräfte übrig, andere Lebensaufgaben zu meistern (doch das Leben besteht ja zum Glück nicht nur aus Verzicht).

Wer auf seine Wünsche verzichtet, verdrängt sie. Das heißt, sie sind dann dem Bewußtsein nicht mehr zugänglich. Je besser die Verdrängung gelingt, desto weniger kann man sich selbst wahrnehmen. Dadurch sind die Wünsche zwar nicht inexistent geworden: Ihre psychische Energie bleibt wirksam, sie wird sogar stärker, so wie Überdruck durch Kompression erreicht wird. Aber weil sie unbewußt geworden sind, unterstehen sie nicht mehr der Kontrolle der Vernunft. Wer verdrängt, kann nicht mehr entscheiden, ob er seine Wünsche verwirklichen oder auf ihre Befriedigung verzichten will. Daher kommt dann zum Beispiel Jähzorn zustande, ein Durchbruch gestauter, unbewußt gewordener Aggression. Wer um seinen Zorn aber weiß, der muß sich von ihm nicht hilflos überwältigen lassen. Er kann entscheiden, ob er ihn äußert.

Aber nicht nur auf seine Autonomie verzichtet man mit dem

Verzicht auf sein Wünschenkönnen, sondern man verarmt auch, weil man sich einer großen seelischen Kraft beraubt, nämlich der Wahrhaftigkeit vor sich selbst. Wer dagegen auf die Erfüllung seiner Wünsche – nicht auf die Wünsche selbst! – verzichten kann, der wird reicher durch seinen Verzicht. Reicher an Kraft, die Unerfüllbarkeit zu ertragen, an Wahrhaftigkeit vor sich und an Einfühlungsvermögen in andere.

Eine Parabel von Jean Cocteau:

„Überraschungen vor Gottes Richterstuhl."

„Ein kleines Mädchen stiehlt Kirschen. Sein ganzes Leben vergeht mit Gebeten zur Sühnung dieser Schuld. Die Fromme stirbt. *Gott:* ‚Weil du Kirschen gestohlen hast, sollst du eingehen ins Paradies.'"[9]

Wie kommt man sich selbst auf die Schliche?

Mit dem Wissen, daß bei Klatschsucht, Neid und Fanatismus jemand an seinen Mitmenschen etwas begafft, was er in sich nicht wahrnehmen mag, können wir zwar Gesellschaftskolumnisten und Moralapostel durchschauen, es wäre jedoch weit nützlicher, wenn wir uns selbst auf die Schliche kommen könnten, wenn wir gleichsam den Blinden Fleck im eigenen Auge entdecken könnten.

„Auf die Schliche kommen," das klingt, als handle es sich darum, einen Betrug aufzudecken. Und im Grunde genommen ist es das. Indem wir ganze Bereiche von Bedürfnissen und Regungen in uns übersehen und uns großzügiger, selbstloser, edler geben als wir sind, betrügen wir nicht nur die anderen, sondern vor allem uns selbst. Die Unwahrhaftigkeit uns selbst gegenüber interessiert uns hier nicht als moralisches, sondern als ökonomisches Problem: die verdeckten Möglichkeiten und übersehenen Wünsche sind Kräfte. Nehmen wir sie nicht wahr, so können wir ihre – unsere – Energie nicht nutzen. Wir sind wie der Reiche, der den Schlüssel zu seiner Schatztruhe verloren hat. Schlimmer noch, wir sind reich und wissen es nicht. Wie einer, der in einer armseligen Hütte haust und nicht ahnt, daß in seinem Keller ein Schatz vergraben ist.

Wie gelangen wir in den Keller, wo graben wir?

„Hier wo man steht," antwortet Martin Buber und erzählt die Geschichte von Eisik Sohn Jekels in Krakau.

Dem war nach Jahren schwerer Not, die sein Gottvertrauen nicht erschüttert hatten, im Traum befohlen worden, in Prag unter der Brücke, die zum Königsschloß führt, nach einem Schatz zu suchen. Als der Traum zum dritten Mal wiederkehrte, machte sich Eisik auf und wanderte nach Prag. Aber an der Brücke standen Tag und Nacht Wachtposten, und er getraute sich nicht zu graben. Doch kam er an jedem Morgen zur Brücke und umkreiste sie bis zum Abend.

Endlich fragte ihn der Hauptmann der Wache, auf sein Treiben aufmerksam geworden, freundlich, ob er hier etwas suche oder auf jemand warte. Eisik erzählte, welcher Traum ihn aus fernem Land hergeführt habe. Der Hauptmann lachte: „Und da bist du armer Kerl mit deinen zerfetzten Sohlen einem Traum zu Gefallen hergepilgert! Ja, wer den Träumen traut! Da hätte ich mich ja auch auf die Beine machen müssen, als es mir einmal im Traum befahl, nach Krakau zu wandern und in der Stube eines Juden, Eisik Sohn Jekels sollte er heißen, unterm Ofen nach einem Schatz zu graben. Eisik Sohn Jekels! Ich kann's mir vorstellen, wie ich drüben, wo die eine Hälfte der Juden Eisik und die andre Jekel heißt, alle Häuser aufreiße!" Und er lachte wieder. Eisik verneigte sich, wanderte heim, grub den Schatz aus und baute das Bethaus, das Reb Eisik Reb Jekels Schul heißt.[10]

„Hier wo man steht" – aber Eisik mußte erst nach Prag, um zu erfahren, wo sein Schatz vergraben lag. Oft ist ein Umweg nötig, damit einer zu sich selbst gelangt. Und manche Selbsttäuschung ist so gründlich, daß man es nicht allein fertigbringt, sie aufzuheben. Bei manchem sind die Schätze so tief vergraben, daß es jahrelanger geduldiger Arbeit zusammen mit einem Therapeuten bedarf, sie auszugraben – einer Arbeit, deren Mühen bei weitem größer sind als die eines Fußmarsches von Krakau nach Prag und zurück. Psychoanalyse ist, in den Worten Karl Menningers, „eigentlich nicht so sehr eine ‚Behandlung' als vielmehr ein ausgedehntes, ins einzelne gehendes diagnostisches Studium, das die Mitwirkung des Patienten bei Ereignissen deutlich macht, in denen er sich selbst als passives Opfer betrachtet hatte. Dies führt letztlich nicht nur zur Entdeckung und somit besseren Kontrolle gefährlicher Tendenzen, sondern auch zur Entdeckung vorher nicht erkannter Möglichkeiten und Talente."[11]

Wenn jemand die Sehnsucht hat, auch ohne Psychoanalyse Zugang zu seinen verborgenen Möglichkeiten zu finden, so empfehle ich ein einfaches Verfahren.

(Das Verfahren ist zwar einfach, nicht aber einfach anzuwenden. Der Vorgang ist schnell beschrieben, aber die Anwendung schmerzt, sie kränkt die Eitelkeit. Der erste Schritt auf dem Weg zu den verborgenen Möglichkeiten besteht darin, die eigene Verkrüppelung zu erkennen. Die Sehnsucht nach der Freiheit, für die wir geboren sind, muß gewaltig sein, um solche Beleidigung der Eigenliebe zu ertragen.)

Das Verfahren ist einfach: ich nehme an, daß die Verhaltensweisen, die mich an anderen stören, irgendeine Entsprechung in mir haben. Das ist nur eine Arbeitshypothese, aber in vielen Fällen erweist sie sich als hilfreiches Instrument, bisher unerkannte Eigenschaften und Wünsche zu entdecken.

Zum Beispiel: Es ärgert mich, wie ein Kollege sich einen Vorteil nach dem anderen ergattert. Es ärgert mich auch, wie der Chef herumkommandiert, keinen zu Wort kommen läßt. Ich verachte die Frau, die ihr heulendes Kind beschimpft, die Nachbarin, die heimlich trinkt, den Jungen, der lügt, er sei es nicht gewesen, der das geparkte Auto beschädigt habe ... Wenn ich jetzt diese Gefühle nicht auf sich beruhen lasse, sondern als seismographische Instrumente benutze, finde ich vielleicht verwandte Tendenzen in mir selbst. Wie ein Pilzsammler, der sich jeden Pilz ansieht, ob er taugt oder nicht, prüfe ich bei Ärger, Abscheu und Ekel, ob der verachtete Impuls auch in mir lebendig ist. Zunächst ist es erschreckend, wenn ich feststelle, daß ich herrschsüchtig bin wie mein Chef, nur, daß es bei mir die Kinder zu spüren bekommen, oder nur der Hund. Aber es ist auch befreiend, denn an meiner eigenen Herrschsucht kann ich etwas ändern, an der des Chefs nicht.

Vielleicht stört mich am anderen aber auch deswegen etwas besonders, weil ich einen Teil meines Selbstwertgefühls daraus beziehe, gerade dieses Verhalten nicht zu besitzen. Das ist die überhebliche Variante des Ärgers. Einer niest ungeniert heftig und laut. Der andere ist pikiert, denn er ist gut erzogen. Seine guten

Manieren würden ihm nicht erlauben, zu niesen, zu rülpsen, seinen Magen knurren oder andere Geräusche seiner Verdauung hören zu lassen. Weil er derartige Laute unterdrückt, hält er sich für anständig. Der Trompetennieser ist dagegen unanständig.

Es geht bei diesem Verfahren, sich auf die Schliche zu kommen, um das Erleben. Erleben heißt, daß ich es lebendig und leibhaftig spüre, mit einem Stich im Herzen und einem Zusammenziehen des Zwerchfells oder mit einem Schmerz in der Magengrube, daß ich gerade das in mir finde, was mich eben draußen, am anderen Menschen, aufgeregt hat. Es geht nicht darum, allgemein einzugestehen: Ja, ich bin auch feige, auch eitel, auch geizig. Mit allgemeinen Eingeständnissen drücken wir uns nur um die Wahrheit, selbst wenn sie stimmen. Die Wahrheit muß gefühlt werden, nur dann ist sie wirklich. Die Wahrheit, die uns in den Keller zum Schatz unserer verborgenen Möglichkeiten führt, die wirkt nicht im Kopf, sie wirkt im Bauch und im Herzen.

Aber wie – ein bißchen Verlogenheit oder etwas Geiz, das soll der verborgene Schatz sein? Natürlich nicht. Es geht hier um die Methode, die ersten Schritte die Kellertreppe hinunter. Die ersten Schritte sind, daß ich aufhöre zu meinen, ich sei schon so wie ich glaube, daß die anderen mich haben wollen, daß ich stattdessen übe zu schauen, wie ich wirklich bin. Dieser Schatz ist gewaltig und wunderbar.

Man kann auch versuchen, sich helfen zu lassen bei dieser Arbeit der Selbsterkenntnis. Man kann gute Freunde bitten, einem aufrichtig zu sagen, wie man auf sie wirkt. Nur ist Freundschaft, in der eine solche Ehrlichkeit möglich ist, leider nicht häufig. Es ist aber ein Prüfstein für eine Freundschaft, wie weit konstruktive Kritik in ihr Raum hat. Man muß einander schon sehr mögen, um sich sagen zu können, was einen am anderen stört.

Projektive Eifersucht

Manchmal sind Menschen eifersüchtig, ohne daß es sich um eine der Eifersuchtsformen handelt, von denen zuvor die Rede war. Weder wird aus der tief eingewurzelten Überzeugung, man sei nicht liebenswert, fortwährend der Partner und seine Liebe verdächtigt, noch quält man sich mit der Vorstellung, andere würden einem den Partner abspenstig machen aus der Kindheitserfahrung, daß Geschwister vorgezogen wurden, und auch in der Position des ausgeschlossenen Dritten befindet man sich nicht.

Die Vorstellungskraft beschäftigt sich mit einer möglichen Untreue des Partners bis in alle Einzelheiten. Dabei ängstigt einen nicht so sehr der Verrat, wie im Fall der zerstörerischen Eifersucht auf den Partner, noch empfindet man Neid auf den Rivalen, wie im zweiten Fall, sondern man wird von deutlichen Bildern verfolgt, wie der Partner oder die Partnerin im Erotisch-Sexuellen untreu ist. Diese Vorstellungen sind quälend eindringlich und steigern sich bis ins Wahnhafte.

Wir können die Arten von Eifersucht unterscheiden, wenn wir uns ansehen, von welchen Bildern sie begleitet werden. Für jede ist eine andere Phantasievorstellung typisch. Die erste Art, wo der Partner im Zentrum des zerstörerischen Interesses steht, produziert Trennungs- und Rachephantasien. Mit einer Mischung aus Schmerz und Zerstörungslust malt der Eifersüchtige sich aus, wie er nach erwiesener Untreue den Partner beschimpft, erbarmungslos die Beziehung abbricht, ihn demütigt. Eine Frau, die begann, die Wurzeln ihrer Eifersucht zu verstehen, sagte, sie fürchte sich jetzt nicht einmal mehr so sehr vor einer Untreue ihres Mannes als vor dem Augenblick, in dem sie davon erführe. Denn dann müsse sie wie eine Rachegöttin alles zerstören – und das wolle sie eigentlich gar nicht, denn sie liebe ihn.

Bei der zweiten Art beschäftigen die Vorstellungen sich mehr mit dem Rivalen oder der Rivalin. Wie mag er aussehen, was tut er, was sagt er, was schenkt der Partner ihm? Wie der untreue Ehemann der Geliebten Rosen schenkt und einen Ring, das stellt eine Frau sich in eifersüchtigem Neid zum Beispiel vor; ein Mann stellt sich vor, wie die untreue Frau ihrem Geliebten ein Essen kocht, Kerzen auf den Tisch stellt und Wein serviert – womöglich gar den, den *er* besorgt hat. Das sind auf die Erlebensebene des Erwachsenen gehobene Ängste des Kindes davor, daß die Geschwister mehr verwöhnt werden als man selbst.

Der „ausgeschlossene Dritte" fragt sich, ob der abwesende Geliebte wohl an ihn denke, sich nach ihm sehne, und wie er es anstelle, die Außenbeziehung zu ihm vor dem „rechtmäßigen" Partner zu verbergen.

In der jetzt zu beschreibenden Form von Eifersucht handelt es sich um eine ähnliche Projektion eigener Bedürfnisse nach außen wie bei der Sensationslust und bei der Klatschsucht. Daher ist hier die Phantasie auch vorwiegend mit erotisch-sexuellen Inhalten beschäftigt.

Ich kenne eine junge Frau, die sich, sobald ihr Mann nicht anwesend ist, vorstellen muß, er verkehre mit anderen Frauen. Im vergangenen Sommer machten die beiden eine Reise. Sie war ermüdet von der Stadtbesichtigung, er wollte noch in ein Museum gehen. Man trennte sich für eine Stunde und sie erholte sich in einem Café. Es war aber keine Erholung, es war die Hölle, wie sie sagt. Sie wurde überwältigt von der Vorstellung, ihr Mann würde im Museum ein schönes Mädchen ansprechen und mit der „was anfangen". Wie denn das so schnell gehen solle, fragte ich sie. Wenn die beiden sich einig seien, würde sich schon irgendein Weg finden lassen. Zur Not hinter den Marmorstatuen, meinte sie.

Das Erstaunlichste an dieser projektiven Eifersucht ist, daß die von ihr Geplagten trotz der offensichtlichen Unwahrscheinlichkeit an ihrem Verdacht festhalten. Oder genauer gesagt, der Verdacht hält sie fest, quält sie mit Bildern, denen sie sich nicht entziehen können. Es ist ein inneres sexuelles Heimkino, ein dauernder Seelenpornofilm, den abzuschalten nicht in ihrer Macht steht. Wer unter dieser Form von Eifersucht leidet, hegt in seinem bewußten Erleben, meist ein besonders hochstehendes Ideal von Partnerschaft und von sich selbst als liebendem Partner. Die Beziehung muß unverbrüchlich fest und ewig sein. Sie selbst als Partner sind in jedem Augenblick voller liebender Hingabe und Zuwendung, sind loyal und absolut treu, auch in Gedanken. Je fragloser und je strenger eine derartige Liebesideologie ist, desto erbarmungsloser quälen die Sexteufel der eigenen unterdrückten Lebendigkeit den Betreffenden mit schmerzlich lüsternen Bildern von der Untreue des Partners. Die Hölle der Eifersucht ist in diesem Fall nichts als wir selbst, soweit wir uns nicht kennen und für „moralischer" halten, als wir sind.

Regenbogenpresse

Wenn Menschen einander nahe sind oder sich mögen, haben sie Interesse aneinander. Sie wollen wissen, wie es dem anderen geht, wie er lebt, was ihm widerfährt. Ob wir in Nachbarschaft oder Freundschaft, in Verehrung oder Liebe einander verbunden sind, ja sogar in Gegnerschaft – es ist uns wichtig, am Leben der anderen teilzunehmen. Freunde laden einander zu ihren Festen ein, zur Examensfeier etwa oder zur Hochzeit. Und Liebende versuchen, miteinander und füreinander ein Fest aus ihrem gemeinsamen Leben zu machen.

„Ich bin wichtig und du bist wichtig – in all unserer Verschiedenheit leben wir in einer gemeinsamen Welt und sind miteinander und füreinander wichtig", so etwa läßt sich das Empfinden, in einer Gemeinschaft zu leben, in Worte fassen. Dieses Bewußtsein „ich bin wichtig und du bist wichtig" kommt manchmal nicht recht zustande. Eine mögliche Störung beruht auf einer unreflektierten und unausgesprochenen Einstellung, die, würde sie den Betreffenden zu Bewußtsein kommen, sich so formulieren ließe: „Wir hier sind alle nicht so wichtig. Unser Leben ist langweilig, alltäglich, öde. Wirklich interessant sind andere, die da oben." Die da oben sind Fernsehansagerinnen und Prinzessinnen, Spitzensportler und Filmschauspieler, Thronfolger, Fürsten, Millionäre, Präsidenten und deren Frauen, Schlagersänger und Königinnen – aber auch Hochstapler und Schwerverbrecher oder Verbrecherinnen, wenn ihr Schicksal dramatisch genug erscheint. Das eigene Dasein verläuft arm an Ereignissen, dort aber scheint wirkliches Leben voller Glanz zu sein. Schales Einerlei, grauer Alltag hier – ein Glück nur, daß Fernsehen und Regenbogenpresse einen teilhaben lassen am Leben der Großen dort, an ihrem Lieben, ihrem Leiden und am Glitzern ihrer Juwelen. Die Nachrichten können nicht sentimental, nicht verlogen genug sein, sie werden gierig verschlungen. Welche Verschwendung betreibt jemand, der am kolportierten Leben anderer schnüffelt, die von seiner Existenz nie etwas erfahren werden. Vergeudung von Zeit, Phantasie und Lebenskraft, die er für sich selbst aufwenden und in die Gemeinschaft, in der er lebt, einbringen könnte.

Der Konsument der Regenbogenblätter füttert seinen Geist mit Lügen, von denen die größte Lüge die Verkitschung der menschlichen Existenz ist. Sie besteht in der Annahme, jene Idole seien bar aller Schwächen. Wer von der Kinoleinwand herablächelt, kennt keine trüben Stunden und keine kleinlichen Gedanken, wer Kronjuwelen trägt, hat weder Schnupfen noch Durchfall, und wenn ein berühmter Schauspieler säuft, so hat selbst sein Suff bedeutende Dimensionen. Wer in seidener Bettwäsche erwacht, wer von Dienstboten und Journalisten umschwärmt und von Tausenden um seinen Schmuck beneidet wird, der existiert in immerwährendem Glanz, erfüllt von erhabenen Gefühlen.

In all dieser Verlogenheit, mit der die Regenbogenpresse hergestellt und konsumiert wird, steckt dennoch etwas Echtes, und das ist die Sehnsucht nach dem Besonderen und die Sehnsucht nach Festlichkeit. Die Kraft, die vergeudet wird im sinnlosen Begaffen von berühmten Idolen, könnte dem Menschen zu ungeahnten Erfahrungen in seiner alltäglichen Umgebung verhelfen, sobald er begreift, daß er selbst etwas Besonderes ist. Es gibt Glanz und Festlichkeit! Aber es gibt dies nicht dort, sondern in Wirklichkeit nur im eigenen Leben. Natürlich gibt es auch in den Palästen Glanz, aber nur für jene, die dort leben, nicht für die, die sehnsüchtig hineingucken.

Der schale Alltag ist ein Irrtum der in Gewöhnung erblindeten Augen unserer Seele. „Guck, Papa, Gold!" – ein kleines Kind zeigt seinem Vater einen Stein, der von ein wenig Glimmerschiefer schimmert. „Ach, das ist doch nichts Besonderes", weist der das Kind ab, weil er gerade etwas Wichtiges im Fernsehen ansieht. Doch der Stein ist etwas Besonderes! Das Besondere muß nicht etwas Außergewöhnliches sein, keine sportliche Höchstleistung und kein Nobelpreis. Das Besondere mißt sich nicht mit anderen. Es ist die eigene Existenz als solche, der Mensch zu sein, der wir mit allen unseren Eigenschaften sein können. Wenn wir es wieder lernen wahrzunehmen, wie einmalig wir sind, jeder einzelne von uns, und wie unselbstverständlich jeder Tag und jede Stunde ist, dann hätte niemand Interesse daran, was für ein Kleid irgendeine Fürstin auf ihrem letzten Empfang trug. Denn was bringt uns dazu, diese Dinge zu lesen? Sehnsucht, am Glanz teilzuhaben, im Glanz zu stehen. Nur – was die Regenbogenpresse liefert, hat nicht nur nichts mit uns selbst zu tun, es stimmt zumeist nicht einmal. „Wie aus wohlinformierten Kreisen verlautet" – diese Kreise gibt es meist nicht, und wenn, so sind sie nicht informiert. Zweitklassige Redakteure spekulieren auf unsere Sehnsucht nach Glanz und lügen penetrant. Die Zeit, die wir brauchen, um diesen Schund zu lesen, könnten wir benutzen, die eigenen und erfüllbaren Möglichkeiten zu erkennen und selbst über den eigenen Tag zu bestimmen. Das kann ein Gang ins Freie, ein Gespräch mit Freunden in einer Gartenwirtschaft sein, in der Sonne. Was hat ein Königspaar mehr? Die Sonne genießt es nicht ungestört, weil das Blitzlichtgewitter der Reporter es hindert und es beschützt werden muß vor Terroristen und Neugierigen. Die Sonne, die dem Star verwehrt wird durch PR-Druck und dem König durch das Protokoll, haben wir ohne Einschränkung.

In unserer eigenen Welt ist das wirklich, was wir mit eigenen Augen – aber nicht auf dem Fernsehschirm – sehen, was wir hören und spüren, fühlen, anfassen und riechen können. Was ist wichtiger, zu gucken, wie Fürsten und Schauspieler leben und sich dabei vorzustellen, man werde ein wenig von ihrem Glanz bestrahlt, oder selbst zu leuchten? Glanz und Festlichkeit in der eigenen Welt zu erleben, indem man sich Zeit nimmt und die Augen öffnet für die eigenen Kinder, Partner, Freunde und für sich selbst. Dazu braucht man nicht auf den Feierabend, auf das Wochenende oder auf ein offizielles Fest zu warten. Wenn man aufmerksam ist, findet sich sofort ein Anlaß zu spüren, daß Leben ein Fest sein kann.

Was aber macht, daß wir oft wie blind und taub für uns selbst sind und für die Möglichkeiten, ein Fest aus unserem Leben zu machen?

Fremde Stimmen

WAS EIN KIND GESAGT BEKOMMT

Der liebe Gott sieht alles.
Man spart für den Fall des Falles.
Die werden nichts, die nichts taugen.
Schmökern ist schlecht für die Augen.
Kohlentragen stärkt die Glieder.
Die schöne Kinderzeit, die kommt nicht wieder.
Man lacht nicht über ein Gebrechen.
Du sollst Erwachsenen nicht widersprechen.
Man greift nicht zuerst in die Schüssel bei Tisch.
Sonntagsspaziergang macht frisch.
Zum Alter ist man ehrerbötig.
Süßigkeiten sind für den Körper nicht nötig.
Kartoffeln sind gesund.
Ein Kind hält den Mund.
Zu Erwachsenen sagt man „Sie"
und man unterbricht sie nie.
Man hat den Eltern zu gehorchen.
Man hilft der Mutter beim Abwasch.
Seine Meinung sagt man nicht.
Man geht am Sonntag in die Kirche.
Man grabscht sich nicht das Allerbeste
und feiert keine Orgienfeste.
Man hält Erwachsenen die Tür auf.
Man läßt Erwachsenen seinen Platz im Bus.
Trink nicht so viel, dir wachsen sonst Frösche im Bauch.
Es wird gegessen, was auf den Tisch kommt.
Tausend Kinder wären froh um dein Essen.
Ordnung, Ordnung, liebe sie –
sie erspart dir Sorg' und Müh'.

Bis zu der Zeile „Ein Kind hält den Mund" stammt dieses Gedicht von Bertolt Brecht[12]. Den Rest hat eine Gymnasialklasse dreizehnjähriger Jungen und Mädchen nach einer Diskussion über Erziehungsnormen verfaßt.

Wie weit wissen wir, welche Verbote und Vorschriften unsere Erziehung prägten? Am ehesten fallen uns jene ein, von denen wir uns inzwischen distanziert haben. Einstellungen, die wir für unsinnig halten, von denen wir uns bewußt abgesetzt haben, wo wir Unwissenheit, Armseligkeit, Kleinlichkeit, Engherzigkeit, Unsauberkeit oder dergleichen aus dem Elternhaus in unserer Lebensweise überwunden haben. Ideale andererseits, die wir akzeptieren, die wir gern von unseren Eltern übernahmen, weil sie uns als wertvoll einleuchten, können wir wahrscheinlich auch in Worte fassen.

Aber ganze Bereiche von Lebenseinstellungen und Normen sind uns nicht greifbar, obgleich sie uns in unserem Verhalten und in unseren Wertungen prägen.

Die Familientherapeuten bezeichnen diese aus der Herkunftsfamilie stammenden Einstellungen als „Familienbotschaften." Es sind Leitsätze, die wörtlich nicht so geäußert wurden, die Mitglieder der Familie lebten jedoch wie unter ihrem Diktat. Die Erfahrungen, die ein Kind in seiner Familie macht, kondensieren sich zu Maximen, die für sein Erleben und Verhalten als Erwachsener wirksam bleiben. Dabei kommt es nicht auf dramatische Ereignisse in der Kindheit an, sondern auf die Stimmung, die jahrelang täglich die gleiche bleibt (wenn zum Beispiel ein Kind ständig überfordert oder verwöhnt oder nicht beachtet wird). Auch wenn sie dramatisch waren, sind einzelne Ereignisse weniger entscheidend. Der Erwachsene erinnert sich zwar an bezeichnende Geschehnisse seiner Kindheit; es sind aber weniger diese einmaligen Ereignisse als vielmehr ihre beispielhafte Signifikanz für die gesamte Erziehungsatmosphäre, die ihnen solche Wichtigkeit in seiner Erinnerung verleiht.

Ein Mann in den Dreißigern erinnert sich daran, wie seine Mutter ihn entsetzt von einem Eisengitter fortriß, auf das er klettern wollte. Damals sei er vier Jahre alt gewesen, und wenn er auf den niedrigen Mauern balancieren wollte, die die Vorgärten einfaßten, so sagte sie, „das kannst du nicht", oder „paß auf, gleich fällst du!"

Er bringt Fotos mit: Berglandschaft, ein Aussichtsplatz, der Aussichtsplatz umzäunt. Neben dem Zaun er. Hinter ihm die Mutter. Sie hält ihn an den Schultern fest.

Er am See in Badehosen. Die Mutter umklammert seinen Arm ... Es gibt nicht ein einziges Foto von ihm, auf dem er nicht von der Mutter festgehalten wird.

Einmal sei er aus dem Ruderboot ins Wasser gefallen und fast ertrunken. Seine Mutter behauptet es zumindest. Statt ihn schwimmen lernen zu lassen, verbot sie ihm, in den See zu gehen. Radfahren durfte er nicht, weil das zu gefährlich war. Er besaß keinen Führerschein – den Mut, ihn zu erwerben, entwickelte er erst im Verlauf der Therapie. Anfangs meinte er, er könne gar nicht Auto fahren, er werde gewiß bei den ersten Kilometern ohne den Fahrlehrer einen Unfall verursachen.

Seine Familienbotschaft lautete: „Die Welt ist gefährlich und du bist viel zu schwach und zu klein, um mit ihr fertig zu werden. Wenn du aber bei mir bleibst und mir gehorchst, bist du sicher."

Auch sein Beruf entsprach dieser Einstellung: mit akribischer Genauigkeit und Sauberkeit führte er die Entwürfe anderer aus – er fertigte Modelle für Architekten an.

„Paß auf, gleich fällst du!" – Das Kind wird fallen!

„Paß auf, du schneidest dich!" – Das Kind schneidet sich! Warum? Weil die Mutter es gesagt hat. Das Kind glaubt nämlich der Mutter. Sie ist mächtig und geschickt, kann alles, weiß alles – so erlebt das Kind die Mutter. Also wird sie recht haben – weil sie immer recht hat. Wenn sie sagt, ich schneide mich, dann werde ich unsicher, und schon ist es passiert. Ohne daß Kind oder Mutter es merken, gehorcht das Kind der Mutter, indem es ihre Vorhersage erfüllt.

Eine Mutter, die ihr Kind selbständig werden läßt, die warnt es anders. Sie sagt: „Paß auf, damit du nicht fällst," oder besser noch, „paß auf, damit du heil ankommst." Oder: „Das Messer ist sehr scharf – paß auf, damit du dich nicht schneidest!" Scheinbar fast das Gleiche, und doch, welch ein Unterschied zwischen den Botschaften!

Ich empfehle, das einmal an sich selbst auszuprobieren. Man möge, wenn man gerade eine Leiter oder eine steile Treppe hinabsteigt, über einen schmalen Steg geht oder dergleichen, zu sich sagen: „Paß auf – gleich fällst du!" und dann: „Paß auf, damit du nicht fällst!" und dabei auf die unterschiedlichen Gefühle achten, die man jeweils empfindet.

Später haben wir die Stimme der Mutter „internalisiert", das heißt, sie spricht in uns. Die Familienbotschaft hängt nicht in Kreuzstichstickerei über dem Sofa, sie ist in unserer Seele wirksam. Dort ist sie nicht mehr so einfach als solche erkennbar. Sie ist zu einer uns selbstverständlichen Überzeugung geworden, darum stellen wir sie auch nicht in Frage.

Das ist nicht weiter schlimm, sofern sie uns Mut gemacht hat, unsere Kräfte zu entfalten. Sofern sie gelautet hat: „Du bist gut und kräftig. Trau dich nur, es wird dir schon gelingen. Und sei vorsichtig, damit es gut geht." Derartige Botschaften erscheinen im Erwachsenen nicht als fremd. Sie sind assimiliert, Teil der eigenen Seele, Ausdruck des Selbst- und Selbstwertgefühls. Das Gute in unserer Erziehung ist „ichsynton", es steht in Übereinstimmung mit unserem Bild von uns selbst. Nur jene Erziehungsmaximen, die uns hindern, wir selbst zu sein, erscheinen störend, ichfremd, sobald man anfängt, die lebensbejahenden von den schädlichen Stimmen im Inneren zu unterscheiden. Daher kommt es, daß ein Patient am Beginn einer Psychotherapie oft so zornig auf seine Eltern wird. Er sieht zunächst einmal nur das, was ihn hindert, ein erfülltes Leben zu führen, und sieht in seiner Erziehung nichts anderes, als die Wurzeln der ichfremden Hemmungen. Daß sich in derselben Erziehung sein Mut und seine Entschlußkraft entwickelten, eine Psychotherapie zu beginnen, dafür wird er erst später dankbar sein können.

Eine Familienbotschaft, die mit „du kannst nicht, du sollst nicht, du darfst nicht" uns an der Kenntnis und am Gebrauch unserer Kräfte hindert, stellt unseren Glauben an uns selbst in Frage. Sie schränkt uns ein, und zwar umso mehr, je weniger wir uns ihrer bewußt sind. Ich habe manchmal bei therapeutischen Einzelgesprächen das Gefühl gehabt, ich befände mich in einer familientherapeutischen Sitzung. Nur der Klient oder die Klientin und ich saßen im Raum. Und doch schien es, als sei seine oder ihre Mutter und er selbst als Kind auch noch mit da. Das Kind schwieg anfangs meist verängstigt, die Mutter aber antwortete, mischte sich in einem fort ein, wenn ich eigentlich mit dem Klienten oder dem Kind sprechen wollte. Meist beschwert sie sich über das Kind – es sei faul, lustlos, träge. Die Mutter wird auch auf mich projiziert, das Kind fragt mich, was es erzählen soll, es möchte mir gefallen und alles richtig machen. Die zugrundeliegende Familienbotschaft lautet etwa: „Eigentlich bist du unwichtig und kannst nichts. Aber wenn du meine Befehle erfüllst, dann bist du gut. Es gibt eine Ordnung – meine –, die ist viel wichtiger, als du es bist. Nach der mußt du dich richten."

Eine Klientin, die jedesmal vor ihrer Stunde auf die Toilette ging, sagte einmal lächelnd, wenn sie das nicht mehr nötig habe, dann wäre die Therapie beendet. Wenn ihre Mutter fortging, ließ sie das kleine Mädchen allein in der Wohnung. Es gab nur eine Toilette im Treppenhaus, welche die Kleine in ihrer Abwesenheit nicht aufsuchen sollte. Deshalb legte die Mutter großen Wert darauf, daß das Kind sich entleerte, ehe sie wegging. Fand sie bei ihrer Rückkehr dann doch einen Haufen in dem Topf, den sie vorsichtshalber hingestellt hatte, dann schalt und schlug sie das Kind. Auch abends, ehe es ins Bett ging, mußte es auf die Toilette, damit die Mutter auf keinen Fall in der Nacht geweckt wurde. Es brauchte lange, bis diese Klientin mich ihr tiefes Mißtrauen, ihre mörderische Wut und ihre Traurigkeit hinter der schüchternen Fassade sehen ließ.

„Ich muß so sein, wie du mich haben willst, sonst bin ich nicht gut und du hast mich nicht lieb. Wie soll ich denn sein, damit du mich lieb hast?" Die Antwort ist von Mutter zu Mutter verschieden.

Alles ist in Ordnung, wenn das Kind sich entscheiden kann, der Mutter zuliebe etwas anderes zu tun, als es eigentlich möchte. Auch wenn es gegen seinen Willen gezwungen wird, etwas zu tun, was die Eltern für nötig halten, ist das nicht schlimm, solange das Kind seine gegensätzlichen Bedürfnisse nicht verleugnen muß. Solange es noch wünschen kann, kommt die Nichterfüllung einem notgedrungenen Verzicht gleich, einem Zwang, über den Ärger möglich ist. Und Ärger ist heilsam.

Aber das Kind entscheidet sich nicht und verzichtet auch nicht. Es erlebt, daß die geliebte Mutter es so, wie es ist, offenbar nicht mag. Also bemüht es sich, anders zu sein. Es stellt seine ursprünglichen Bedürfnisse zur Seite und versucht, so zu sein, wie es der Mutter besser gefällt. In der Folge ist die Mutter zufrieden, verhält sich freundlich, also liebt sie es wohl doch. Wer sich geliebt fühlt, hält sich für liebenswert. Das Kind glaubt sich liebenswert um jener Pseudobedürfnisse willen, mit denen es sich an Mutters Wünsche anpaßt (Statt Mutter können hier natürlich auch Vater oder andere Bezugspersonen stehen).

Seine eigenen Bedürfnisse hat das Kind vergessen. Es hat die der Eltern zu seinen gemacht und fühlt sich gut, wenn es diese erfüllt. Die Psychologen nennen diesen Vorgang „Introjektion", was bedeutet, die Mutter (oder ein anderer) ist psychisch einverleibt worden. Nicht die eigene, sondern die fremde Stimme des „Introjekts" spricht aus dem Betreffenden. Anstelle von dem Kraftgefühl und der Lebensfreude, die die Verwirklichung des im Menschen angelegten Lebensplanes und der eigenen Möglichkeiten begleiteten, treten Gehorsam, Selbstgerechtigkeit und Angst, etwas falsch zu machen.

Räumen und Putzen

Manche Menschen, und zwar Frauen wie Männer, fühlen sich nur wohl, wenn ihre Wohnung aufgeräumt ist. Dazu genügt es nicht, daß sie übersichtlich und sauber ist, sondern die Gegenstände müssen sich an ganz bestimmten Stellen befinden, die ihr Eigentümer für sie bestimmt hat. Verstellt jemand etwas, so ist er so lange unruhig, bis er das Ding wieder an seinen Platz gerückt hat. Das Zusammensein mit anderen Menschen – Gästen, Kindern, Freunden – stört die gewohnte Ordnung. Oder ist ihm die Ordnung so heilig, weil sie die Lebendigkeit, die Miteinanderleben mit sich bringt, in Schranken hält?

Ein Kind umarmt seine Mutter, die schiebt es von sich: „Vorsicht – meine Bluse knittert; Vorsicht – meine Frisur." Ein anderes möchte beim Tischdecken helfen, dabei fällt das Salzfäßchen um. Die Hausfrau wischt das verstreute Salz auf und schimpft: „Kannst du nicht aufpassen! So ist das keine Hilfe, so hab ich nur noch mehr Arbeit als ohnehin!" Drei Kinder bauen eine Stadt und einen Bahnhof aus Klötzen in eine Ecke der Stube, wunderschön. Die Mutter schiebt die bunten Steine immer wieder näher zur Baustelle hin, ärgert sich offensichtlich und fragt in Abständen von zehn Minuten, wann die Kinder endlich aufräumen würden – bis der Vater sagt, sie möge die Kinder in Ruhe lassen, es reiche doch, wenn einmal am Abend aufgeräumt werde.

Wird tatsächlich einmal ein Gegenstand beschädigt, so wird gescholten oder, fast schlimmer, vorwurfsvoll moralisiert. Das Kind lernt, daß Dinge wichtiger sind als Menschen. Eine zerbrochene Vase, ein zerrissenes Sonntagskleid: das reicht, um schlecht und böse zu sein. Man stelle sich vor, man kommt erschöpft aber glücklich von einer schwierigen Unternehmung heim und möchte dem liebsten Menschen davon erzählen. Der aber unterbricht einen gleich: „Du hast die Schuhe nicht abgeputzt, und die Jacke gehört an die Garderobe. Und wie siehst du überhaupt aus – geh erst mal Gesicht und Hände waschen. Und vergiß die Fingernägel nicht!" Was ist jetzt wichtiger? Was man erzählen wollte oder die Fingernägel? Eltern, die neugierig auf die Erlebnisse ihrer Kinder sind, warten mit den Fingernägeln. Die befehlen es auch nicht, sie sagen es eher nebenbei, zumindest freundlicher. Aber es geht hier weniger um Erziehung als darum, die Stimmen der Eltern in uns wieder hören zu lernen, die ungeduldigen, befehlenden, lieblosen. „Ich konnte so sauber gewaschen und so ordentlich angezogen sein, wie es nur ging. Irgendwas fanden sie trotzdem immer, was nicht stimmte, einen winzigen Fleck, eine Strähne stand ab oder die Schleife war nicht richtig gebunden. Daß einfach alles gut war, das gab es nie", erinnerte sich eine Frau. Jetzt findet sie selbst sich nie ganz in Ordnung. Sagt jemand ihr zum Beispiel, ihr Kleid stehe ihr so gut, so wehrt sie ab: „Ach, das ist schon ganz alt."

In der Zeit, in der ein Kind laufen und seine Bewegungen aufeinander abzustimmen lernt, ist es von unbändiger Neugier und Bewegungslust erfüllt – Lust auf die Welt, es möchte seine Umgebung erforschen, und Lust, seine Kraft an Dingen und Menschen zu messen. Es möchte ausprobieren, was es machen kann, wie es die Dinge verändern kann. „Geht die Dose auf? Ist der Eimer zu schwer für mich? Kann ich die Autotür selbst aufmachen? Was passiert, wenn ich auf diesen Knopf drücke, an dem Schalter drehe, den Finger in das Loch stecke?" Für Eltern und ältere Geschwister wird das Kind anstrengend. Dauernd muß man aufpassen, damit es keine Unordnung und nichts kaputt macht und sich selbst nicht verletzt.

Haben die Älteren Zeit, dem Kind zu helfen bei der Eroberung der Welt? Sind sie geduldig, freundlich? Oder erlebt das Kind, daß eigentlich alles verboten ist und daß es stört, was es auch anfangen mag? Sicher verhält sich die Mutter eines Dreijährigen anders, je nachdem, ob ihr Kind nach einer Keksdose greift oder nach einem kostbaren Glas oder nach einem scharfen Messer. Sie wird ihm auch anders begegnen je nachdem, ob sie fröhlich oder traurig, in Eile ist oder Muße hat. Wie wichtig nimmt sie sich selbst? Nimmt sie ihre Stimmung wahr? Ist das Kind ihr wichtig, kann sie seinen Wunsch verstehen? Oder nimmt sie nur wahr, daß es schon wieder irgendetwas Störendes vorhat? Oder sehnt sie sich insgeheim danach, allein und in Ruhe gelassen zu sein und benutzt den Anlaß, ihren Ärger über die mangelnde Ruhe am Kind auszulassen, in der Maske scharfer Zurechtweisung? Und hat das Kind etwas zerstört, wie gehen die Erwachsenen dann mit ihm um?

Ein Beispiel. Es ist der zweite Weihnachtsfeiertag. Die Familie ist beisammen, die Kinder spielen mit ihren Geschenken. Das Kleinste greift nach einem Zuckerkringel, der am Christbaum hängt. Der Kringel hängt fest, das Kind zieht, der Baum stürzt. Das Kind steht mit Tränen in den Augen mitten in dem Durcheinander, das es angerichtet hat. Die Großen haben drei Möglichkeiten, damit umzugehen: entweder sie vergrößern das Unglück des Kindes, oder sie verharmlosen es, oder sie versuchen, es für das Kind erträglich zu machen, schauen mit ihm zusammen, wie groß der Schaden und wie weit er behebbar ist. Im ersten Fall wird das Kind gescholten, gedemütigt, bestraft. Daß es den Unfall nicht beabsichtigt hatte, wird übersehen, es werden nur die schlimmen Folgen wahrgenommen. Im zweiten Fall wird das Kind getröstet, es hat ja nichts Böses gewollt und ist schon unglücklich genug. Daß etwas kaputtging, wird verharmlost. „Komm, nicht weinen, ist nicht so schlimm, wir kaufen neue Kugeln." Dem Kind wird die Trauer erspart und mit der Trauer ein Teil der Wirklichkeit. Die dritte Weise, mit dem Unglück umzugehen, ist die einzig angemessene – und nicht nur bei umgestürzten Weihnachtsbäumen. Der Baum wird wieder aufgerichtet. Das Kind kehrt die Scherben zusammen. Man ist mit ihm traurig über die zerbrochenen Christbaumkugeln. Vielleicht ist noch etwas Weihnachtsschmuck vorrätig, den man an die kahlen Stellen hängen kann, oder man nimmt die heilgebliebenen Kugeln und verteilt sie neu. Das Kind hilft und lernt dabei, daß es den Folgen eines Mißgeschicks nicht hilflos ausgeliefert ist, sondern daß es etwas tun kann, um die Ordnung so weit wie möglich wieder herzustellen. Und außerdem lernt es, daß es bei einem Unglück weniger darauf ankommt, den Schuldigen zu bestrafen, als darauf, den Schaden zu beheben.

Wozu Ordnung?

Sobald ein Kind in der Lage ist, Unordnung zu machen, wird ihm beigebracht, Ordnung zu halten. Es lernt sich einzufügen in die Regeln, nach denen die Gemeinschaft ihr Leben ordnet. Ordnung an sich ist hier für uns kein Problem. Ordnung ermöglicht die Harmonie, ohne die Leben nicht möglich wäre. Ohne Ordnung gäbe es keinen Anfang und kein Ende, nicht Tag und Nacht, nicht Blatt und Knospe, keine lebendige Gestalt begrenzt in der Ordnung ihres Wachstums. Ohne Ordnung wäre gestaltlos wucherndes Chaos und gähnende Leere.

Die Bahnen, in denen die Ordnung des Weltalls, die Bewegung der Gestirne verläuft, sind so festgelegt wie die Gesetze, nach denen das Leben in der Natur abläuft, in der unbelebten wie in der belebten Natur. Die Ordnung animalischen Lebens ist weitgehend durch Instinkte geregelt. Anders bei uns: Menschen schaffen die Regeln und Gesetze ihres Zusammenlebens je neu, von Volk zu Volk, von Epoche zu Epoche, ja sogar von Familie zu Familie verschieden. Was in der einen Gemeinschaft gut und recht ist, gilt in einer anderen als Verstoß gegen die Sitte oder sogar als Verbrechen. Wir brauchen uns nur die weit auseinander liegenden Verhaltensspielräume auf den Gebieten der Sexualität und der Aufzucht der Kinder in verschiedenen Kulturräumen und -epochen vor Augen zu führen. Sie alle galten zu ihrer Zeit und an ihrem Ort als natürlich, meist sogar als von höheren Mächten vorgeschrieben, als gottgewollt. Nicht selten gab es Kriege mit dem Ziel, eine Gemeinschaft mit anderen Sitten und Gesetzen zu der eigenen, vermeintlich einzig richtigen Lebens- und Glaubensweise zu zwingen.

Ordnung regelt das ethische, religiöse Leben wie auch das soziale Miteinandersein durch Sitten und juristische Gesetze, und schließlich das praktische Leben, wo Ordnung bestimmt, an welchem Ort Gegenstände stehen und zu welcher Zeit Tätigkeiten verrichtet werden. Anders als den Sternen, Pflanzen und Tieren ist unser Leben nicht durch Naturgesetze und Instinkte vorgegeben. Wir müssen uns unsere Ordnungen selber schaffen, unser Leben ist uns aufgegeben. Bei dieser Aufgabe stehen wir in der Spannung zwischen der überkommenen Ordnung, der Tradition, und der

Möglichkeit, unserem Leben eine neue Ordnung zu geben. Jeder von uns ist Teil der Gemeinschaft, in die er hineingeboren wurde, und zugleich ist er Individuum, Einzelner, mit dem Auftrag, er selbst zu sein. Diesen Auftrag überhört er, wenn er sich selbst vergißt und sich bloß einfügt in die Ordnung der anderen, sich einfach anpaßt.

Ordnung an sich ist gut und notwendig. Daß es Ordnungsfanatiker gibt, liegt nicht an der Ordnung, sondern daran, daß man die Ordnung mißbrauchen kann, um „in Ordnung" zu sein. Dann wird eine tradierte moralische, soziale oder praktische Ordnung akribisch befolgt und hochgehalten zum Ausgleich für fehlende eigene Ordnung. Äußere Ordnung dient als Ersatz für das Gefühl, selbst in Ordnung zu sein. Meist wurde sie dem Ordnungsfanatiker auch vermittelt als von viel größerer Wichtigkeit als er selbst sie besäße. (Familienbotschaft: „Du bist nicht wichtig. Wichtig ist bloß, daß du keinen Dreck machst, daß die Teppichfransen gerade und Messer und Gabel so liegen, wie es sich gehört.")

Es geht mir jetzt um die einfache und ursprüngliche Ordnung der Gegenstände im Raum. Um die Ordnung, von der wir sprechen, wenn wir sagen, ein Ding ist aufgeräumt, das heißt, es befindet sich an dem Platz, den wir für es bestimmt haben. Das kann, besonders in Extremsituationen, lebenswichtig sein. In einer einsamen Hütte im Winter im Gebirge müssen die Streichhölzer zur Hand und dürfen nicht feucht geworden sein. Bei Windstärke acht auf See muß der Winschhebel für das Großfall zur Hand und die Taue ordentlich aufgenommen sein, sonst mißlingt es, das Segel zu reffen. Wer in einer Gegend lebt, wo er mit Überfällen rechnen muß, braucht seine Waffe griffbereit und geschliffen oder geölt – in Ordnung eben –, denn sonst kann es zu spät sein. Aber auch sonst im Alltag sollten die Dinge in Ordnung sein. Wenn die Muttern eines Autorades locker sitzen und das Rad löst sich während der Fahrt, so kann das tödlich sein. Und wie ärgerlich ist es, wenn bei der Arbeit der Hammer verlegt ist, beim Kochen ein Gewürz nicht da steht, wo es hingehört, oder wenn man fortgehen will und die Wohnungsschlüssel nicht findet. Ordnung in unserer räumlichen Umgebung erspart uns Zeit, aber sie schafft nichts Neues. Sie ist notwendig, aber nicht schöpferisch. Sie ist sogar notwendigerweise unschöpferisch, und darum verändert sie sich auch überall dort, wo sie die Ordnung von etwas Lebendigem ist, ob es sich um eine Küche handelt oder um soziale Gesetze oder um moralische Einstellungen. Um es in einem pflanzlichen Beispiel zu sagen: Die Ordnung der Knospe ändert sich und zerfällt, wenn die Knospe sich zur Blüte öffnet. Die Ordnung der Blüte weicht der Frucht ...

Menschliche Ordnung wächst und wandelt sich, so wie auch der einzelne Mensch wächst und immer mehr er selbst werden sollte. Die Ordnung, in der er sich vorfindet, ist dabei hilfreich, ja notwendig. Es verhält sich mit ihr wie mit dem Sabbath, von dem Jesus sagt, er sei für den Menschen da, nicht umgekehrt.

Was passiert, wenn Ordnung zum Selbstzweck wird?

Es wird etwas vertauscht. An die Stelle dessen, worum es eigentlich geht, tritt etwas anderes. Im Fall es sich um räumliche Ordnung handelt, treten Sauberkeit, Aufgeräumtheit und Sachwerte an die Stelle von Lebendigkeit. Ordnung wird zum Ersatz für die Ermöglichung des Lebens, für Freude und Liebe. Die Sehnsucht danach, sich zu entfalten und dabei in einer Gemeinschaft geborgen zu sein, wird enttäuscht. Man kann die Ordnung zum Ersatz dafür nehmen, man kann sie aber auch als Waffe benutzen, um sich zu rächen für den Mangel an Geborgenheit und für die Unfähigkeit, man selbst zu sein. Weil Ordnung die Maske von Ersatz und Rache sein kann, wird in unseren Wohnungen weit mehr geräumt und geputzt und in den Gärten mehr gejätet, als es zum Leben notwendig wäre.

Es sind nicht nur Hausfrauen, die sich aus Ärger über einen Streit daran machen, zu waschen, das Geschirr zu spülen oder die Wohnung zu putzen. Andere räumen vielleicht ihre Kartei, die Bibliothek oder einen Schrank auf. Oder sie legen eine Patience, lösen Kreuzworträtsel. Das ist im Grunde genommen etwas Ähnliches: in Unordnung gebrachte Materie wird wieder in ihre vorherige Ordnung zurückgestellt. Währenddessen vermeidet man es, sich mit eigenen Wünschen einzulassen, mit Wünschen, die sich auf Geborgenheit und Geliebtwerden oder darauf richten, sich zu entfalten, sich zu messen und auseinanderzusetzen mit anderen.

Auch wer gemeinhin solche Wünsche nicht unterdrückt, wird sich vielleicht einmal bei tiefer Traurigkeit oder in Wut damit abzulenken und zu beruhigen suchen, daß er etwas ordnet oder aufräumt. Trauer und Wut gehen damit nicht weg, aber sie werden zeitweise betäubt. Und so, aber nicht um sich kurzfristig von unerträglichen Gefühlen abzulenken, sondern weil er als Kind lernen mußte, daß seine eigenen Gefühle nicht so wichtig sind wie die Ordnung der Erwachsenen, so kann einer sein Leben lang immer dann zu räumen und zu ordnen beginnen, wenn es gilt, sich von eigenen Bedürfnissen abzulenken.

Dann kann es dazu kommen, daß die unerkannten Sehnsüchte ihre Gesichter zu dämonischen Fratzen verzerren und sich im Halbdunkel verstecken. Drachen und Ungeheuer, die in den Falten der Vorhänge, in Winkeln und hinter Büschen lauern, sind Zerrbilder eigener Möglichkeiten, die böse geworden sind, weil sie nicht leben dürfen. Auch Albträume entstehen so. Das Unheimliche, Bedrohliche stammt aus einer tieferen Schicht der eigenen Seele als das Verlangen nach Klarheit und übersichtlicher Ordnung, womit man es bekämpft. Aber das weiß man nicht, also kämpft man weiter und kommt an kein Ende damit.

Mit dem Aufräumen befindet man sich gleichsam in andauernder Vorbereitung, ähnlich wie jemand, der eine wichtige Arbeit zu schreiben hat und den Anfang hinausschiebt, indem er seinen Schreibtisch ordnet, Bleistifte spitzt, Papiere aufräumt, bis es für diesen Tag zu spät geworden ist, noch anzufangen. So bereitet mancher sein eigentliches Leben immerfort vor und versäumt darüber, es zu leben. Er hat währenddes selbst das Gefühl, er lebe erst vorläufig, dies jetzt sei noch nicht das Eigentliche. Und er hat recht. Je länger jemand in der Ordnung einen Ersatz für eigene Entfaltung findet und je stärker die Lebendigkeit ist, die er so unterdrückt, desto bösartiger wird seine Ordnungswut – bösartiger gegen sich selbst oder gegen andere.

Die Aggression nimmt zuweilen symbolische und manchmal tatsächlich zerstörerische Züge an. Eine Frau stickte während ihrer Ehe mit einem unzärtlichen und dauernd nörgelnden Mann

Dutzende von Gobelins. Jeder Stich galt eigentlich ihm, auch wenn sie sich nicht bewußt seine Haut oder sein Herz anstelle des Stoffes vorstellte.

Eine andere Frau jätet den Garten, statt mit ihrem Mann zu streiten. Sie reißt Brennesseln und anderes Unkraut mit eben der Wut heraus, die sie nicht in Worte zu fassen vermag. Umgraben und Holzhacken können Ventile sein. In harmlosen, ja kreativen Tätigkeiten kann Unglück und Wut sich verstecken.

„Warum habe ich nicht die Kraft, so zu sein, wie ich eigentlich bin? Warum habe ich keinen Raum dafür und keine Ideen? Warum mag man mich nur für Eigenschaften, die nichts mit mir selbst zu tun haben?" so würde die Wut sich in Worte fassen lassen, wenn sie bewußt werden und sprechen könnte. Doch das kann sie nicht. Stattdessen läßt sie eine andere innere Stimme vernehmen: „Du hast hier gar nichts zu meckern. Wer bist du überhaupt, daß du so zu denken wagst? Wasch dir doch erst mal das Gesicht, eh du den Mund aufmachst!"

„Mir konnte man ein neues Kleid anziehen, und es blieb sauber. Das war das einzige, wofür sie mich liebten", sagte eine junge Frau bitter. Wenn ich sauber bin, dann werde ich wenigstens ein bißchen gemocht. So werden Sauberkeit und Ordnung zum Ersatz: wenn sie mich schon nicht mögen, dann doch wenigstens meine Reinlichkeit – und zur Waffe: wenn einer Spaß hat, dann macht er sicher Unordnung dabei. Wenn einer lieb zu mir ist, ist er ungeschickt oder dreckig. Irgendetwas stimmt sicher nicht.

Ich denke an eine Frau, die sich nicht vorstellen kann, daß ihr Mann sie wirklich mag. Sobald er sie zärtlich in die Arme nehmen will, fällt ihr etwa ein, daß ihre Haare nicht frisch gewaschen sind oder daß sie sich eigentlich schnell die Zähne putzen sollte. Irgendetwas an ihr ist bestimmt nicht in Ordnung. Und dieses eine Stück – der unsaubere Fingernagel, der Küchengeruch im Haar – genügt, sie ungeliebt, unverstanden, einsam zu machen.

Als sie fünf Jahre alt war, hatte sie sich zum ersten Mal ganz allein angezogen, Höschen und Hemd, die Strümpfe, das Kleid – und sogar im Kampf mit den Knöpfen hatte sie gesiegt. Stolz und erwachsen fühlte sie sich, als sie so zum Frühstück erschien. Die Mutter würde gewiß vor Staunen gar nicht wissen, was sie sagen sollte. Und was sagte die Mutter? „Kind, sind deine Haare zerzaust! Das ist ja nicht zum Ansehen!"

Diese Mutter ist vor einigen Jahren gestorben, aber in ihrer Tochter ist ihre Stimme noch sehr lebendig. Als sie – die Tochter – einen Pullover gestrickt hatte und einen geringfügigen Fehler entdeckte, trennte sie ihn wieder ganz auf. Als sie beim Tanzen eine Laufmasche in einen Strumpf bekam, machte ihr das ganze Fest keine Freude mehr. Sie ist nie zufrieden mit sich, und sie ist auch nicht zufrieden mit dem, was andere ihr entgegenbringen. Man müßte ein Hellseher sein, um es ihr recht zu machen. Ihr Mann holt sie mit dem Auto nach der Arbeit ab. Es gießt. „Wenn er jetzt trotzdem rauskommt und mir die Wagentür aufmacht, dann liebt er mich", denkt sie bei sich. Der Mann öffnet ihr die Tür von innen. Sie ist enttäuscht, sagt aber nichts. Das Herz aus Marzipan, das er ihr mitgebracht hat, nimmt sie kaum wahr, und als er sie küssen will, dreht sie den Kopf weg, fühlt sich verhöhnt. Wenn er so wenig spürt, was sie sich wünscht, dann sind das Herz und der Kuß keinen Pfifferling wert.

Ein andermal brachte der Mann ihr Blumen. Sie versuchte sich zu freuen, denn an sich war das genau das, was sie sich von ihm immer gewünscht hatte – ein Strauß einfach so aus Liebe, ohne daß es der Hochzeitstag oder ihr Geburtstag war. Aber sie hatte sofort ein paar Gladiolen in all der Pracht entdeckt. Sie wußte genau, daß sie ihm vor Jahren gesagt hatte, wie wenig sie diese Blumen mochte. „Also gibt er sich bloß Mühe. In Wirklichkeit liebt er mich nicht, sonst hätte er nicht vergessen, daß ich Gladiolen nicht ausstehen kann", dachte sie. Sie verdarb sich und anderen jede Freude und war selbst am unglücklichsten dabei.

Wer ist schuld?

Du bist schuld

Ein Mensch allein, passiert ihm ein Mißgeschick, wird versuchen, damit fertigzuwerden. Er wird sich normalerweise nicht lange damit aufhalten, sich oder den Umständen Vorwürfe zu machen, sondern er wird den Fehler suchen, die Sache in Ordnung bringen und weitermachen. Kippt etwa jemandem beim Zementtransport zur Baustelle die Schubkarre um, dann schaufelt er eben den Zement wieder ein und räumt vielleicht noch den Stein aus dem Weg, an den die Schubkarre angestoßen war.

Anders, wenn zwei daran beteiligt sind. Nur in den selteneren Fällen verhalten sie sich so, wie jeder von ihnen allein sich verhalten hätte. Diese seltenen Fälle sind meist Notsituationen, wo Gefahr es nicht zuläßt, daß man sich mit Vorwürfen aufhält. Wenn aber die Zeit nicht drängt, geben die Beteiligten einander die Schuld an dem Unglück. Ein unbeteiligter Zuschauer muß annehmen, daß ihnen die Schuldfrage viel wichtiger ist, als die Sache in Ordnung zu bringen.

Dieses Verhalten läßt sich überall beobachten, bei Schauerleuten, denen beim Entladen eine Obstkiste herunterfällt, wie bei Eheleuten im Streit. Ehe das Obst aufgesammelt wird, ehe man sich wieder verträgt, muß unbedingt herausgefunden werden, wessen Schuld es war oder wer den Streit angefangen hatte. Und keiner will schuld sein.

Das ist verständlich, denn die Rolle des Sündenbocks zieht die Aggressionen der anderen auf sich. Amerikanische Warenhauskonzerne beschäftigen in jeder Filiale einen gutbezahlten Angestellten, der keine andere Aufgabe hat als jeweils demütig die Schuld auf sich zu nehmen. Beschwert ein Kunde sich, so sagt der Verkäufer oder Abteilungsleiter, „einen Moment bitte, ich lasse eben Herrn XY holen, der ist dafür zuständig", und Herr XY äussert tiefes Bedauern, sagt, es sei sein persönlicher Fehler und er werde alles in seinen Kräften stehende veranlassen, um die Beschwerde gegenstandslos zu machen. Der Kunde ist zufrieden, fühlt sich als Herr und König, weil er jemanden abgekanzelt hat. Das Personal ist von der Aggression des Kunden verschont geblieben und kann in Ruhe arbeiten, und der „Sündenbock" wird ja dafür bezahlt. Er bleibt innerlich gleichmütig, denn seine Zerknirschung gehört zum Job.

Was steckt dahinter, wenn wir einander die Schuld zuzuschieben versuchen? Wir brauchen, um zu verstehen, mit welchem unbewußten Ziel wir uns so verhalten, nur zu schauen, was passiert. Es passiert nämlich nichts. Es wird geredet, diskutiert, gestritten, doch nichts geändert. Genau darum streiten wir um die Schuld, damit nichts geschieht. Es ist einfacher, dem anderen die Schuld zuzuschieben, als den Zement in die Karre zu schaufeln.

Hinter der Suche nach Schuld beim anderen steht aber nicht bloß Bequemlichkeit sondern mehr noch Abneigung gegen die Verantwortung. Die Nähe eines anderen Menschen und auch die Geborgenheit in einer Gemeinschaft können dazu verleiten, sich anzupassen und die Verantwortung für das eigene Tun und Lassen zu vergessen. Diese Verführung schleicht sich über das Gefühl ein. Man kann das gut wahrnehmen an der unterschiedlichen Gefühlseinstellung eines Menschen, der erst allein lebte und später mit einem Partner sein Leben und die Wohnung teilt. Ging es ihm schlecht in der Zeit des Alleinseins, so unternahm er etwas, um sich besser zu fühlen. Vielleicht hörte er Musik oder begab sich in seine Stammkneipe, erzählte einem Freund seinen Kummer oder ging lange spazieren, schrieb in sein Tagebuch oder sah sich einen Film an – gleichviel, ob die Maßnahmen, die er gegen sein Elend ergriff, mehr oder weniger hilfreich waren, er tat etwas. Anders, wenn es ihm schlecht geht und er mit jemandem zusammenlebt. Es liegt am Partner. Ohne den, oder wenn der sich anders verhalten hätte, wäre man glücklicher. Irgendetwas hat der andere getan oder versäumt, was Ursache der gegenwärtigen Unzufriedenheit ist. Das sind keine rationalen Überlegungen, die zu diesem Schluß führen, sondern in Wohngemeinschaften, bei Liebenden und in

Familien anzutreffende Gefühlseinstellungen. Ihre Wirksamkeit beruht gerade in ihrer Unbewußtheit. Denn wenn einer mit voller Deutlichkeit spürte, daß die anderen oder der andere ihn nicht leben läßt, dann würde er etwas an der Situation ändern müssen. Er würde kämpfen um seine Eigenständigkeit, um eine andere Hausordnung, um neue Regeln in der Gemeinschaft, oder er würde sich trennen von diesem Partner, in dessen Gegenwart er nicht er selbst sein kann. Stattdessen aber bleibt es eine undeutliche Empfindung, die, wäre sie klarer, sich etwa so formulieren ließe: „Du bist schuld, daß ich nicht glücklich bin. Ohne dich wäre ich schon längst erfolgreich. Du nimmst mir allen Mut, so wie du bist. Wenn etwas schief geht, bist du schuld. Wer denn sonst, es ist ja niemand anders da."

Der andere ist schuld in jedem Fall, ob er tüchtig ist oder ein Versager. „Du bist schuld, weil du alles in deine Hände nimmst und ich mich nicht entwickeln kann" – oder „du bist schuld, weil du nichts zustande bringst und ich alles machen muß und nicht zu mir selbst komme." Solange dieses untergründige Gefühl unbewußt bleibt, ändert sich nichts. Wer sich an den anderen anpaßt und dabei leidet, gerät in eine resignierende Vorwurfshaltung. Stumme Wut oder offener Streit wächst zwischen den Beteiligten, und jeder macht den oder die anderen für jeden Mißstand verantwortlich.

Eine besonders unfruchtbare Spielart der Schuldzuschreibung besteht darin, dem anderen ein längst vergangenes Ereignis immer wieder vorzuhalten – ein Verhalten, das man manchmal bei länger verheirateten Paaren antreffen kann. Meist praktizieren beide das gegenseitig: sie streiten um etwas, das zehn Jahre zurückliegt, als sei es erst gestern geschehen. Ein mißlungener Urlaub, bei dem keiner glücklich wurde, weil jeder etwas anderes wollte und der Kompromiß keinen von beiden befriedigte; eine Untreue, die einer dem anderen nicht vergibt; ein Kind, das gegen den Wunsch des einen abgetrieben wurde, weil der andere es für zu früh hielt – das sind einige der mir bekannten Anlässe, die wie niemals richtig verheilte Wunden bei jeder Berührung wieder aufbrechen. Wie frisch sich die Verletzungen gehalten haben, merkt man daran, daß der Gekränkte sich an jede Einzelheit erinnert. Tag um Tag und Stunde um Stunde unfehlbar genau werden die Ereignisse geschildert, Wort um Wort wird wiederholt, was der andere Verletzendes sagte – damals, vor Jahren.

Warum vertun die beiden ihre Zeit mit Anklagen? Warum trennen sie sich nicht und suchen sich einen anderen Partner, der sie nicht verletzt hat? Oder verzeihen einander und beginnen ein neues Kapitel in ihrer Beziehung, sehen zu, was sie einander Gutes tun können, statt sich vorzuwerfen, wie sie einander gekränkt haben? Warum halten sie so an der Vergangenheit fest?

Der Grund liegt darin, daß da einer der beiden (oder auch beide) im Grunde seines Herzens daran zweifelt, ob er wirklich geliebt werden könne. Es geht ihm wie dem Mißtrauischen, von dem weiter unten (S. 94) die Rede ist. Weil er sich selbst nicht liebt, braucht er den Partner, der ihm seine Ungeliebtheit beweist. Und dieser Partner, sein Ehepartner, hat es ihm ja längst bewiesen, damals vor zehn Jahren. Man muß nur oft genug daran erinnern, Schmerz und Wut wieder spüren, dann braucht man keinen neuen Partner. Die alte Wunde ist frisch genug.

Es klingt, als seien Menschen an ihrem Gefühl krank, die so empfinden und sich so verhalten. Das Ungesunde in ihrem Festhalten an Schmerzen der Vergangenheit ist aber zugleich auch der unbewußte Versuch, sich zu heilen. Sie verdrängen den Schmerz, ungeliebt zu sein, nicht, sie holen ihn immer wieder hervor und leiden an ihm. Solche Menschen sind depressiv. Das heißt: sie wissen es nicht, aber sie leiden an der Traurigkeit, nicht genug geliebt worden zu sein. Die Traurigkeit sitzt in ihrem Herzen und macht es schwer. Da sie nicht mehr wissen, woher sie rührt, ist die Traurigkeit wie grundlos. Ohne Grund traurig zu sein ist fast unerträglich. Darum suchen sie sich einen Anlaß beim Partner. Sie schaffen sich immer wieder Situationen, wo sie enttäuscht und gekränkt reagieren, um endlich eine Motivation zu haben für ihre Traurigkeit. Von außen wirken solche Menschen ewig unzufrieden und wie dauernde Spielverderber.

Wo liegt der Fehler?

Es gibt Menschen, die mit Mißgeschicken überaus vernünftig umgehen. Ärger, Wut oder Traurigkeit kommen gar nicht erst auf. Stattdessen wird überlegt, wie es zu dem Unglück hat kommen können. Es ist sicher hilfreich, wenn einer in solchen Situationen seinen kühlen Kopf behalten kann und sich von seinen Gefühlen nicht um den Verstand bringen läßt. Aber hier geht es um ein Verhalten, wo im Gegenteil einer sich so ausschließlich vom Verstand leiten läßt, daß dieser ihn um seine Gefühle bringt. Zumindest um die Wahrnehmung seiner Gefühle und um die Fähigkeit, sich in das Empfinden der anderen einzufühlen.

Zum Beispiel: Ein Kind kommt weinend mit einem blutig aufgeschlagenen Knie zu seiner Mutter. Diese nimmt es nicht in die Arme, tröstet es nicht, sie fragt „wie ist das passiert? Hast du wieder nicht aufgepaßt, hast getobt, oder hast dich mit den anderen geprügelt? Na sag schon, was war los?" Das Kind schluckt mühsam seine Tränen hinunter und berichtet unter Schluchzen, daß es beim Fangenspielen über eine Wurzel gefallen sei. „Siehst du, ich hab's ja gewußt. Hättest du besser aufgepaßt, dann wär' dir das nicht passiert. Was mußt du auch so wild sein! Wie oft hab ich dir schon gesagt, daß du Obacht geben sollst. Hör' auf zu heulen, davon wird's auch nicht besser. Paß doch auf, du machst ja alles schmutzig mit der Bluterei! Laß es dir eine Lehre sein und gib in Zukunft besser acht." Das Kind macht die Erfahrung, daß nicht seine Schmerzen wichtig sind und sein Bedürfnis, in den Arm genommen zu werden und zu spüren, wie die Mutter Mitgefühl hat für sein wehes Knie; daß es nicht wichtig ist, ob es ein Pflaster braucht und einen Kuß. Sondern wichtig ist, daß es nicht heult und vernünftig ist und daß es in Zukunft ganz gut achtgibt. Gefühle zeigen, heulen, wenn's weh tut – das hilft nicht. Es tröstet einen doch keiner, die Mutter wird nur böse, weil ihr die Ohren weh tun, wenn man schreit, und sie mag einen dann nicht, weil Heulen unvernünftig ist. Wichtig ist: nichts fühlen, aufpassen, vernünftig sein.

Was dieses Kind lernt, ist das armselige Zerrbild eines großen Gedankens, der das Selbstverständnis des abendländischen Menschen entscheidend geprägt hat, bis in unsere Tage. Platon, der Schüler des Sokrates, glaubte, alles Böse, das Menschen einander antun, komme aus dem Nichtwissen, aus dem Irrtum. Und unsere leiblichen Bedürfnisse, unsere Sehnsüchte und Leidenschaften sah er als Nägel, welche die Seele im Sarg des Leibes festnageln. Erst, wenn diese Nägel aus dem Fleisch gezogen sind, wenn der Mensch also nichts mehr begehrt, ist die Seele frei und imstande, das Eigentliche, die ewige Wahrheit, zu sehen. Dieses Eigentliche nannte er „Ideen", die Urbilder. Diese sind, nach Platon, weitaus wirklicher als die Wirklichkeit, in der wir geboren werden, leben und sterben. Denn was vergeht, kann nicht wahr sein. Wahr ist nur, was ewig währt.

Das sokratisch-platonische Denken hat, durch Paulus vermittelt, das Menschenbild des Christentums in Körper und Seele gespalten. Jesus selbst hatte den Menschen ganz anders gesehen: als Wesen, das ganz und gar, mit Fleisch und Geist, umkehren soll auf seinem Weg, neu werden für das Reich Gottes auf dieser Erde.

Wenn Sokrates recht hätte, daß Leid aus Irrtum entsteht, dann müßte sich die Sehnsucht nach einer Welt ohne Kummer, ohne Streit, ohne Schatten und Leid verwirklichen lassen, sobald wir herausfinden, wo der Irrtum steckt. Wenn wir verstehen, wie es zu Störungen kommt, dann werden wir in Zukunft verhindern können, daß überhaupt welche entstehen. Gefühle sind dabei nur hinderlich, sie trüben die Klarsicht des Denkens.

Nur was wir verstehen, können wir auch beherrschen. So kommt eine maßlose Überschätzung des Verstandes – oder richtiger: des Intellekts – und eine ebenso maßlose Unterschätzung, ja Verachtung des Gefühls zustande. Dahinter steht letztlich die menschliche Sehnsucht, ewig zu sein, nicht sterben zu müssen. Darum hat die Mutter in unserem Beispiel etwas gegen das Blut und die Tränen. Trauer, Tränen, Blut erinnern unterschwellig an Tod. Bis in die Körperhaltung und Sprache hinein zeigen diese Menschen ihr Verlangen nach Unveränderlichkeit: Ihre Körperhaltung ist steif, möglichst unbewegt, die Gestik und Mimik sparsam. Sie bewegen Lippen und Zähne kaum beim Sprechen. Die Stimme klingt gleichmäßig, mittellaut, monoton. Sie zitieren gern

Autoritäten, sprechen unpersönlich per „man' oder „es" anstelle von „ich" oder „du" (man sollte, es hat sich erwiesen ...). Sie bilden lange komplizierte Sätze mit mehr Substantiven als Verben. Ein Substantiv hat etwas Festes, es dauert, wogegen Verben die Wörter sind, die die Veränderung, das Leben der Sprache tragen.

Angst vor Veränderung, Angst vor dem Sterben steht letztlich hinter der Abwehr der Gefühle durch den Intellekt. Aus Angst vor dem Sterben leben Menschen nicht, soweit sie ihre Gefühle vermeiden. Denn leben heißt fühlen.

Manche Menschen möchten die angenehmen Gefühle zulassen und die unangenehmen wie Kummer oder Ärger unterdrücken. Wir werden uns mit diesem Versuch später ausführlich befassen (s. u. S. 84 ff). Er kann nicht gelingen, ohne daß das Wesen des Betreffenden etwas Künstliches und Unaufrichtiges erhält.

Daß Angst vor dem Sterben hinter der rationalen Suche nach der Fehlerquelle steht, wird besonders deutlich, wenn jemand, der das Unglück auf diese Weise zu meistern sucht, mit Krankheit konfrontiert ist – sei es, daß er selbst, sei es, daß ein ihm Nahestehender erkrankt ist. Krankheit erinnert auch immer mit an unsere Endlichkeit. Je klarer diese Botschaft in der Krankheit vernehmbar wäre, desto heftiger sucht er nach Ursachen, die zur Krankheit geführt haben könnten. „Wenn du nur rechtzeitig zur Kur gegangen, mit dem Rauchen aufgehört, den Arzt gewechselt hättest ...", die Möglichkeiten sind zahllos. Mit wissenschaftlicher Verbissenheit werden Genese und Verlauf der Krankheit erforscht. Wer zurück schaut, vermeidet den Blick in eine beängstigende Zukunft. Wenn wir wissen, wie es gekommen ist, dann haben wir doch wenigstens etwas in der Hand, und wenn es auch nur ein wissenschaftlicher Name ist. Wissenschaftliche Bezeichnungen eignen sich gut als Schutzschild vor der lebendigen sterblichen Wirklichkeit.

Wenn man alles richtig gemacht hat, glaubt man einen Anspruch darauf zu haben, daß alles gut geht. Für das Leid, das einem dann trotzdem widerfährt, fühlt man sich nicht verantwortlich. Selbstgerecht gibt man anderen, den Umständen, dem Schicksal die Schuld. „Paß nur auf, daß du nichts falsch machst, dann hast du jedenfalls keine Schuld, wenn doch etwas schiefgeht. Und zeig' keine Gefühle, das macht dich verdächtig. Wer schreit hat Unrecht", so etwa lautet die Familienbotschaft der Verstandesmenschen.

Sie können über sich und die Ursachen für die Schwierigkeiten, in denen sie sich befinden, mit Differenziertheit und einer bis ins kleinste Detail gehenden Genauigkeit sprechen. Die Distanziertheit und Kälte, die sie dabei zeigen, macht einem das Blut in den Adern erstarren. Sie sprechen von sich so unpersönlich wie ein Polizeiprotokoll.

Eine Frau berichtete über ihre Unfähigkeit, mit dem Mann, den sie liebte, einen Orgasmus zu erleben. Sie hatte früher mit anderen Männern sexuelle Freude gehabt, aber immer nur solange sie sich nicht verliebt hatte. Mit dem Freund, an dem sie hing und an dessen Zuneigung ihr alles lag, war es schwierig. War sie mit ihm im Bett, so paßte sie fortwährend auf, ob sie ihn befriedige, ob sie nichts falsch mache. Und da sie wußte, daß es ihm wichtig war, seinerseits sie befriedigen zu können, bemühte sie sich darum, einen Orgasmus zu erleben. Ein sicheres Mittel, um ihn zu verhindern ...

Als Kind hatte sie nicht so laut lachen sollen. Das sei ordinär, hatte ihre Mutter gesagt. Weinen durfte sie auch nicht. Als der Nachbarssohn, mit dem sie sich immer zum Spielen traf, einmal lange Zeit krank war, schaute sie stundenlang aus dem Fenster des Gästezimmers, um von dort durch sein Kinderzimmerfenster ein Stück seines Krankenbettes zu sehen. Ihre Mutter sperrte daraufhin die Tür zum Gästezimmer ab. Ihre Tochter solle etwas Sinnvolles tun, statt so traurig rumzuhängen.

Die Beweggründe der Mütter, die ihren Kindern verbieten zu lachen und vor allem zu weinen, sind übrigens nicht absichtlich böse. So, wie eine Mutter mit ihrem Kind umgeht, so verhält sie sich in der Regel auch sich selbst gegenüber. Auch sie hatte, als sie ein Kind gewesen war, es lernen müssen, ihre Gefühle zu unterdrücken und sich „richtig" zu benehmen. Das Lachen und Weinen ihres Kindes erinnert sie an ihre eigene unterdrückte Lebendigkeit. Die aber stört, schmerzt, lockt und bedroht die mühsam errichteten Konstrukte des Verstandes. Darum müssen Gelächter und Tränen dringend auch bei ihrem Kind unterdrückt werden. Man muß doch lernen, seine Gefühle zu beherrschen.

Kinder lieben ihre Eltern. Ganz gleich, ob die Eltern großzügig sind oder kleinlich, heiter oder melancholisch, tapfer oder feige, und ganz gleich, wie sie sich dem Kind gegenüber verhalten, ob sie es lieben oder vernachlässigen, ob sie ruhig oder ungeduldig mit ihm umgehen, es als Bereicherung ihres Lebens oder als Störung empfinden – das Kind wird sie lieben, jedenfalls, solange es noch klein ist. Die Mutter und dann der Vater sind die ersten Menschen, die das Kind liebt. Die Erfahrung, die es mit ihnen macht, prägt die Erwartung, die es dann später jedem Menschen entgegenbringt, der ihm wichtig wird. Von dieser Prägung wissen wir als Erwachsene meist nichts mehr, aber sie ist deswegen nur umso wirksamer. Darum war die Frau, von der ich berichte, durchaus orgasmusfähig bei Männern, die ihr nicht viel bedeuteten. Nur der Partner, der ihr so wichtig war wie einst die Mutter, nahm in ihrem Fühlen die Stelle der Mutter ein. Obwohl sie vom Verstand her wußte, daß er sie sich hingabefähig und leidenschaftlich wünschte, war die Angst aus den frühen Erfahrungen mächtiger in ihr, die Angst, nicht mehr geliebt zu werden, wenn sie lachte und ihren Gefühlen freien Lauf ließ. Das ging höchstens dort, wo nichts auf dem Spiel stand.

Auch mit sich selbst ging sie ebenso kontrollierend und distanziert um, wie es die Mutter einst getan hatte. Sie sprach von sich als berichte sie von einem Film, bei dem sie genau aufgepaßt und viel nachgedacht hatte, so daß sie jedes Geschehnis wiedergeben und auch in seiner Bedeutung für den weiteren Verlauf der Handlung richtig einordnen konnte, wobei der Film an sich sie nicht berührte. Schon ehe sie in die Beratung kam, war ihr der Zusammenhang zwischen ihrer gefühlskalten Erziehung und ihrer jetzigen Hingabeangst klar. Sie sprach darüber mit einer Klugheit und solchem Wissen, daß es einem psychologischen Lehrbuch alle Ehre gemacht hätte. Sie war verzweifelt, daß alles Wissen über sich selbst und über die Ursachen ihrer Schwierigkeiten nichts half, diese zu beheben. Ihre intellektuelle Beredsamkeit war Ersatz. Sie übertönte die Sprachlosigkeit ihrer Gefühle.

Während ich ihr zuhörte, erinnerte ich mich daran, wie ich einst einen Atomphysiker mit strahlender Materie umgehen sah. Eine meterdicke Glaswand trennte ihn von seinem gefährlichen Objekt. Aus der Innenwand ragten zwei mechanische Arme mit

fingerähnlichen Greifenden hervor, die der Wissenschaftler auf
der anderen Seite mittels komplizierter Schalter bediente. Draußen der Physiker, die Hände an Hebeln und Schaltern, die drin als
dürre, exakt funktionierende Metallgreifer das bedrohliche Zeug
handhabten. Ich sagte ihr, sie komme mir vor, als ginge sie mit
sich so um wie jener Physiker mit der strahlenden Materie. Sie
sehe sich deutlich und analysiere sich genau, aber wie durch eine
dicke gläserne Mauer vor der Wirklichkeit ihrer Gefühle ge-
schützt. Ja, antwortete sie, so gehe es ihr oft. Sie denke sich, daß
sie eigentlich etwas fühlen müsse. Aber sie wisse nicht, was sie
fühlen solle. Sie stehe neben sich selbst und sehe sich bei allem zu
und fühle nichts. Nichts außer einem Gefühl von Unwirklichkeit. „Fühlen Sie sich ausgesperrt?" fragte ich. Sie schwieg. Dann
sagte sie nachdenklich, „vielleicht muß ich nur die Tür wieder
aufmachen, die von dem Gästezimmer, wo ich nicht traurig sein
durfte."

Ich bin schuld

„Ich habe viel falsch gemacht. Für meinen Mann hätte ich eigentlich eine ganz andere Frau sein müssen, unternehmungslustiger
und vielleicht auch leidenschaftlicher. Und die Kinder – mein
Mann macht mir Vorwürfe, daß ich nicht streng genug bin. Aber
ich glaube nicht, daß es daran liegt. Man hat oft einfach nicht genug Kraft." Die Frau ist Anfang Vierzig und seit 20 Jahren verheiratet. Ihr Mann und sie haben fünf Kinder zwischen vier und
siebzehn Jahren, sie haben zusammen ein Haus gebaut, und jetzt
hat sie ein Unterleibsgeschwür, das entfernt werden muß. Sie sei
so schrecklich müde, am liebsten möchte sie sterben bei der Operation.

Ihr Mann habe seit drei Jahren eine Freundin. Für ihn sei es sicher die beste Lösung, wenn sie die Operation nicht überlebte, das
würde ihm die Scheidung ersparen.

In dem Haus hat jeder ein Zimmer, nur ihres ist ewig nicht fertig geworden. Seit ihr Mann wegen der Freundin nicht mehr mit
ihr zusammen schlafen mag, hat sie ein Notbett in einer Nische
des Flurs. Dem Mann und den Kindern hat sie die Zimmer alle

eingerichtet. Ihres, das sie jetzt beziehen könnte, auch noch einzurichten, dazu fehlt ihr die Kraft.

Sie spürt keinen Zorn. Sie ist nur mutlos und hoffnungslos müde und klagt über ihre Schwäche. Sie war kein erwünschtes Kind gewesen. Ihre Mutter hatte ihr oft vorgeworfen, daß sich seit ihrer Geburt die Ehe der Eltern verschlechtert habe. „Wenn du nicht angekommen wärst, wäre alles ganz anders geworden."

Es ist erstaunlich und erschreckend, wie viele der Klienten und Klientinnen, die in eine psychologische Beratungspraxis kommen, von ihren Müttern selbst erfahren haben, daß sie unerwünscht waren. Manchmal wissen sie sogar um Abtreibungsversuche der Mutter Bescheid.

Kinder spüren die Einstellung der Eltern zu ihnen schon ehe man mit ihnen darüber spricht. Und manche Kinder reagieren auf das Gefühl, überflüssig zu sein, indem sie sich besonders anstrengen, um sich doch irgendwie beliebt zu machen. Um das bißchen an Zuwendung, das sie erhalten, nicht auch noch zu gefährden. Wie macht man sich beliebt, wenn man eigentlich unerwünscht ist? Man versucht, sich so unauffällig wie möglich zu verhalten, um nicht zu stören. Man errät die Gedanken und Bedürfnisse der anderen, um sie zu erfüllen und sich auf diese Weise angenehm zu machen. Man verzichtet ganz auf eigene Wünsche, schenkt her, was man besitzt und hilft den anderen, das zu erlangen, was die sich wünschen. Wenn jemand unglücklich ist, so fühlt man sich aufgerufen, ihm zu helfen. Gelingt das nicht, so fühlt man sich als Versager. Wird einem Unrecht getan, so versetzt man sich in die Lage dessen, der einen gekränkt hat, versteht ihn und verzeiht ihm. Ja, man übernimmt gleichsam die Verantwortung für den Schmerz, der einem von anderen zugefügt wird. „Ich bin ja selber schuld, daß ich so behandelt werde. Ich müßte besser sein als ich bin, dann würden sie mich eher mögen."

Die Frau, die bei der bevorstehenden Unterleibsoperation am liebsten sterben würde, war von ihrer Mutter nicht gewollt worden. Jetzt will sie selbst sich nicht mehr leben lassen. Daß das Organ, an dem sie erkrankt ist, gerade die Gebärmutter ist, mag mit dem Kummer ihrer Ehe zu tun haben – und sicherlich hat ihre Gebärmutter auch mit jener unter der Oberfläche von Bescheidenheit und Opferbereitschaft tief unbewußten haßerfüllten Beziehung von Mutter und Tochter zu tun, die einander den Tod wünschten.

Aber nicht nur Kinder, die von vornherein unerwünscht oder sogar nach einem mißlungenen Abtreibungsversuch auf die Welt kamen, wachsen in dem Gefühl auf, sie hätten nur dann ein Lebensrecht, wenn sie sich auf die anderen einstellen. Es genügt, wenn ein Kind kaum jemals in seiner Eigenart beachtet und in seinen Interessen bestätigt wird. Wenn immer nur das Vorhaben der anderen zählt. Die Familienbotschaft dieser Menschen lautet etwa so: „Du bist unverschämt. Sei nicht so vorlaut. Kannst du nicht warten, bis die anderen genommen haben? Dräng dich nicht vor. Nach deiner Meinung hat keiner gefragt. Du bist nicht wichtig. Du kannst dankbar sein, daß wir dich überhaupt mitnehmen, dich dabei sein lassen. Anderen geht es viel schlechter als dir."

Als Erwachsener wird jemand, der so empfindet, regelmäßig seinen eigenen Anteil am Scheitern irgendwelcher gemeinschaftlicher Unternehmungen über- und den der anderen unterbewerten. Das ist der Hochmut der Bescheidenen, von dem die Elefant- und Mäuschen-Witze leben. „Schau, was für Staubwolken wir aufwirbeln", sagt das Mäuschen zum Elefanten, als sie durch die Wüste wandern.

Soweit ist das lustig. Schuldgefühle können aber so stark sein, daß sie eine Entwicklung zu größerer Lebendigkeit und Reife blockieren. Zum Beispiel macht ein Mann sich schwerste Vorwürfe, er habe zu lange gebraucht, sich von seiner bisherigen Lebensgefährtin zu trennen. Die andere Frau, die er jetzt liebt, hat vor einigen Tagen jemand anders kennengelernt, zu dem sie sich hingezogen fühlt. „Wenn ich mich nur drei Wochen früher entschieden hätte! Jetzt ist es wahrscheinlich für immer zu spät. Das verzeihe ich mir nie." Vielleicht spielt die geliebte Freundin auch noch mit in dem „Spiel", indem sie sagt, „hättest du dich vor drei Wochen für mich entschlossen ... aber jetzt ist es zu spät, du hast mich zu lange warten lassen."

In anderen Fällen lauten die Selbstanklagen etwa: „Hätte ich damals nur nicht gesagt, daß ich nicht heiraten möchte! Jetzt würde ich alles dafür geben, aber jetzt will sie nicht mehr"; oder „wenn ich damals nur die Augen aufgemacht hätte, wenn ich rechtzeitig gespürt hätte, wie es um ihn steht ..."; „Jetzt ist es zu spät, ich habe versagt und mein Glück ist unwiederbringlich verloren", so lautet das Fazit der Selbstanklagen.

Aber so ist es nicht in Wirklichkeit. Sicher, ein kränkendes Wort oder ein Versäumnis wird dem anderen weh tun. Aber eine Freundschaft, eine Liebesbeziehung ist keine Gratwanderung, bei der ein Fehltritt Absturz und Tod bedeutet. Nicht, wenn sie stabil ist. Und eine solche Beziehung, bei der ein einziger falscher Schritt genügt, sie zu beenden, die ist so fragil, daß sie die Konflikte und Krisen, die jede lebendige Gemeinschaft begleiten, ohnehin nicht überdauert hätte.

Ein anderer Mann hatte eine leidenschaftliche, außereheliche Affaire hinter sich. Seine Frau wünschte nichts sehnlicher, als daß er zu ihr zurückkehre. Sie liebte ihn. Er aber befürchtete, sie werde ihm nie verzeihen können, er habe sie zu tief verletzt. „Ich hab's dir verziehen, wirklich", sagte seine Frau. „Und ich wünsche mir, daß du dir auch endlich verzeihst. Ich wünsche es mir für mich. Sonst kannst du mich ja nicht lieben, wenn du immer ein schlechtes Gewissen vor mir hast."

Diese Frau hatte unter der Untreue ihres Mannes sehr gelitten. Sie hatte ihre Traurigkeit durchaus nicht verdrängt. Sie war ganz hindurchgegangen durch den Schmerz, ihn in den Armen einer anderen zu wissen, und sie konnte ihm gerade deswegen wirklich verzeihen. Nur ein Schmerz, der nicht ganz gefühlt wurde, nicht ganz zu Ende gelitten, muß immer wieder hervorgeholt und in Form von Anklagen gegen den anderen gerichtet werden. Diese Frau hatte es nicht mehr nötig zurückzuschauen, und sie spürte, daß nur, wenn auch ihr Mann sich so verzeihen würde wie sie ihm, sie miteinander vorwärts schauen könnten, in eine gemeinsame Zukunft.

Katholische Geistliche sind mit einem ähnlichen Phänomen vertraut, dem „Beichtzwang". Am Beichtzwang leiden Menschen, die immer wieder eine oft läßliche Sünde beichten, ohne daß die Absolution ihnen hilft. Kaum wurden sie von ihren Sünden losgesprochen, vernehmen sie eine innere Stimme, die sie dennoch schuldig spricht. Von Martin Luther wird erzählt, daß er mehrmals täglich beichtete, ohne glauben zu können, daß er wirklich in die Gnade Gottes aufgenommen sei. Erst als er seinen aus seinem Unwert der göttlichen Allmacht gegenüber stammenden

Zweifel an der Rettung bis zur letzten Konsequenz zu Ende dachte, fühlte er, daß der Mensch nichts ist und Gott alles. Daß er nichts wollen kann, was Gott ihm nicht eingegeben hat, und daß er aus eigenem Willen also gar nicht imstande ist, aus der allumfassenden Gnade herauszufallen.

Was ist der psychodynamische Hintergrund dafür, daß jener Mann es sich nicht verzeihen konnte, seine Frau verletzt zu haben; daß ein gläubiger Christ seine Sünde für größer hält als die Gnade Gottes? Versetzen wir uns, um das zu verstehen, in ein Kind, das in dem Gefühl aufwächst, „eigentlich bin ich nichts als ein unglücklicher Zufall. Nur, wenn ich die anderen ganz gut verstehe, sind sie nett zu mir. Wie ich wirklich bin und was ich wirklich will, das ist überhaupt nicht wichtig." Muß ein solcher Mensch nicht einen ungeheuren Zorn empfinden, daß er nicht er selbst sein darf? Und Wut gegen die Mutter oder auch den Vater, die immer nur sich selbst durchsetzen und einen nie ernst nehmen. Aber dieser Zorn und diese Wut darf man sich nicht zu empfinden erlauben und erst recht nicht zu äußern. Denn sonst überschwemmt sie einen, und dann werden die anderen ganz böse und man verliert den letzten Rest an Zuneigung, den man so mühsam mit Bravsein erkauft hat. Man unterdrückt die bösen Wutgedanken. Aber damit sind sie nicht weg. Tief innen sind sie so lebendig wie eh und machen einem ein schlechtes Gewissen. Später, als Erwachsener, weiß man nichts mehr von Zorn und Wut. Nur noch die mit ihnen verbundenen Schuldgefühle werden einem bewußt und können sich – wie beim Beichtzwang – an irgendwelche nebensächlichen Vergehen hängen. Darum ist die Lossprechung von diesen „Sünden" keine Erlösung, denn der eigentliche Zorn bleibt unbewußt. Oder die Schuldgefühle richten sich gegen einen selbst, und es hilft einem keine noch so aufrichtige Vergebung, weil die eigentliche Energie der Selbstanklage nicht aus dem Vergehen stammt, sondern aus einer maßlosen unbewußten Wut gegen jenen ersten Menschen, der einen nicht sah, nicht wichtig nahm, nicht liebte.

Es ist egal

Solange jener Mann, der seine Frau unter seiner außerehelichen Liebschaft hatte leiden lassen, sich dies nicht ebenso verzeihen kann wie sie es ihm verziehen hat, solange empfindet er sich ihr gegenüber nicht als gleichrangiger Partner. Sie nimmt in seinem Gefühl die Stelle der einstigen Mutter ein, moralisch ihm überlegen und mächtig, ihn zu bestrafen. Er hat ihr gegenüber ein schrecklich schlechtes Gewissen und haßt sie dafür. So sieht es in Wahrheit am Grund der meisten Schuldgefühle aus! Ja, aber könnte es denn nicht einfach echte Traurigkeit sein über den Schmerz, den er ihr angetan hat? Wäre es das, so verhielte er sich anders. Er würde ihr nahe zu kommen suchen, statt sich im Gefühl von ihr zu entfernen. Er würde sie trösten und liebevoll zu ihr sein, er würde mit ihr gemeinsam trauern, sie um Verzeihung bitten und ihr Verzeihen annehmen können. Echte Traurigkeit entsteht aus dem Schmerz, dem anderen weh getan zu haben, und nicht wie das schlechte Gewissen aus dem Schmerz, versagt zu haben. Diesem Mann geht es im Grunde um die Angst, wie er jetzt vor ihr steht, um die Angst, wieder einmal Mist gemacht zu haben in den Augen der mächtigen Mutter. Es geht ihm nicht um die Frau, um die gemeinsame Liebe, sondern um seine Angst vor Strafe und um sein Bedürfnis nach Bestrafung, damit er sich nicht mehr schuldig fühlen muß. Immer noch fesseln Schuld und Scham des kleinen Jungen, der seine Mutter für fehlerlos rein hält, sein Herz. Die Fesseln seiner infantilen Angst hindern ihn, seiner Frau als der erwachsene Mann zu begegnen, der er eigentlich ist. Traurigkeit verbindet, schlechtes Gewissen trennt uns voneinander.

Solange wir uns selbst der Schuld bezichtigen, sind Verzagtheit und Wut in uns stärker als die Sehnsucht nach Veränderung. Solange wir nach den Fehlern suchen oder, in der Sprache der Verstandesmenschen, solange wir unsere verstandesmäßige Erkenntnis der Ursachen für Fehlentwicklungen dazu mißbrauchen, den Schmerz nicht an uns herankommen zu lassen, solange verändern wir uns nicht. Denn Veränderung geschieht aus der Mitte, von dort, wo wir nicht bloß sehen, was ist, sondern es auch fühlen.

Und solange wir andere für das beschuldigen, was uns widerfährt, übernehmen wir nicht die Verantwortung für unser Leben.

Es ist ganz egal, wer schuld an der Situation hat, ob du, ob ich oder die Umstände. Es geht gar nicht darum. Solange wir nach den Ursachen suchen oder einander beschuldigen, machen wir die Welt nicht schöner und unsere Beziehungen zueinander nicht liebevoller. Wir vertun nur die Zeit.

Es geht vielmehr darum, wahrzunehmen, was ist. Was draußen ist, in der Welt und bei den anderen, und was drinnen ist in uns selbst. Es geht darum, unsere sehnsüchtigen und beängstigenden Gefühle wahrzunehmen und uns zu wünschen, wie wir die Welt anders haben wollen. Es geht um den Mut, zu ändern, was zu ändern ist, und das auszuhalten, was wir nicht ändern können. Es geht um den Mut zornig und traurig zu sein und sich zu freuen. Es geht darum, die Verantwortung zu übernehmen für uns selbst, für unseren Lebensweg und für unsere Welt.

Aber, könnte man hier einwenden, jeder Mensch wird doch von vielen Tatsachen bestimmt, für die er gar nichts kann. Er ist nicht gefragt worden, ob er überhaupt zur Welt kommen wollte, noch konnte er sich entscheiden, mit welchem Geschlecht, in welchem Jahrhundert, in welcher sozialen Umgebung er geboren wurde. Und wie seine Eltern mit ihm umgegangen sind, hing nur zu einem geringen Teil von ihm selbst ab. Auch daß er sich in einer Situation vorfindet, wo er aufgerufen ist, etwas zu tun – etwa weil er jemanden ertrinken sieht –, während er viel lieber seine Ruhe hätte, hat er sich nicht ausgesucht.

Nein, „schuld" an alledem hat er nicht. Aber ich muß nicht ursächlich schuldig für etwas sein, für das ich die Verantwortung habe. Ich bin nicht schuld daran, daß ich als Mädchen in Deutschland im Zweiten Weltkrieg geboren wurde. Aber verantwortlich für meine Existenz als Frau, als Deutsche in dieser Zeit bin ich ganz allein.

Studenten der Psychologie benutzen manchmal die Erkenntnisse, die sie durch ihr Studium gewonnen haben, dazu, ihren Eltern Vorwürfe zu machen. Jetzt wissen sie, woher es kommt, daß sie eine unüberwindliche Prüfungsangst oder Bindungsscheu oder Arbeitshemmung haben. Zu wissen, daß die Eltern mit ihren Erziehungsfehlern schuld haben, reicht. Jetzt haben sie eine Entschuldigung, sich nicht ändern zu müssen.

Entschuldigungen dafür, daß etwas nicht geht, finden sich immer – nicht nur für Psychologiestudenten. In dem Film „Nägel mit Köpfen" sollten einige Szenen im Gefängnis spielen. Der Produktionsleiter bemühte sich umsonst um die Dreherlaubnis. Die verantwortlichen Behörden lehnten ab. Nachdem der Briefwechsel abgelegt und der diesbezügliche Akt geschlossen war, war die Sache für ihn erledigt. Es gebe unter keinen Umständen eine Drehgenehmigung im Gefängnis, erklärte er. Daraufhin suchte der Regisseur den verantwortlichen Ministerialdirigenten im Justizministerium auf, und der Film wurde im Gefängnis gedreht.

Wenn man etwas wirklich will, gibt man sich nicht so schnell mit der Auskunft zufrieden, daß es unmöglich sei, sondern man setzt Himmel und Erde in Bewegung, um es zu erreichen. Ein weiteres Beispiel dafür ist in dem wunderbaren Film „Von Mao zu Mozart" jene Szene, wo Isaac Stern und sein Pianist trotz widrigster Umstände einen guten Flügel für ihr Konzert erlangen.

Mag sein, die Familienbotschaft derjenigen, die sich mit einem „Nein" zufriedengeben, lautet: „Das kannst du nicht. Das ist nichts für Leute wie wir – zu teuer, zu vornehm, zu aufwendig, zu waghalsig. Schuster, bleib bei deinem Leisten." Dann geht es darum, diese fremden Stimmen hinauszuwerfen aus der eigenen Seele und sie zu ersetzen durch die Zuversicht, die sagt: „Nein? Jetzt gerade. Mal sehen, ob sich nicht doch was machen läßt."

Es geht nicht darum, Ursachen und Entschuldigungen dafür zu finden, daß etwas nicht gelingt. Es geht überhaupt nicht um Schuld. Der chassidische Rabbi von Ger sagt das mit kräftigen Worten: „Rühr' her den Kot, rühr' hin den Kot, bleibt's doch immer Kot. Ja gesündigt, nicht gesündigt, was hat man im Himmel davon? In der Zeit, wo ich darüber grüble, kann ich doch Perlen reihen, dem Himmel zur Freude."[13]

Der Sinn der Schuld

„Es ist egal" – das kann furchtbar mißverstanden werden. Denken wir daran, daß ein Mensch existenziell schuldig werden kann, so ist seine Schuld alles andere als gleichgültig.

Im Entsetzen vor der Erkenntnis der eigenen Schuld haben immer wieder Menschen sich selbst gerichtet, im Griechenland der Antike wie in Japan. Und in England galt es sogar bis zur Mitte des Jahrhunderts nicht nur als selbstverständlich, daß ein hoher Politiker zum Beispiel, der „das Gesicht verloren" hatte, von seinem Amt zurücktrat, oft nahm er sich auch das Leben. Dies sogar auch dann, wenn er ohne Absicht und mehr durch eine Verkettung widriger Umstände schuldig geworden war.

Daß es heute möglich und üblich ist, sich um die unbequemen Folgen eigener Schuld herumzudrücken, und daß dies nicht nur auch, sondern gerade besonders häufig unter Politikern üblich ist, schädigt nicht nur das Ansehen der Betreffenden, es mindert auch das Vertrauen des Volkes in die Lauterkeit der Regierung und in die Gerechtigkeit ihrer Justiz.

Wer ist schuld? Nehmen wir einen Fall, der im Sommer des Jahres 1985 in zweiter Instanz verhandelt wurde. Ein erfolgreicher Politiker fährt, betrunken am Steuer seines Dienstwagens, nachts auf der Mittelspur der Autobahn auf einen vor ihm fahrenden Kleinwagen auf. Dessen Fahrer wird bei dem Unfall getötet. Bei dem darauf folgenden Prozeß und der Berufungsverhandlung geht es in erster Linie um die Mitschuld des Toten. Denn müßte der Angeklagte seine Haftstrafe wegen fahrlässiger Tötung antreten, so hätte dies zur Folge, daß er auf sein Landtagsmandat verzichten müßte. Ich zitiere aus dem Bericht von Herbert Riehl-Heyse in der Süddeutschen Zeitung[14]:

„Es ist O. W. (dem Angeklagten; ich schreibe im folgenden anstelle der Namen die Anfangsbuchstaben. P. K.) vorgehalten worden, daß er bei seiner ersten Verhandlung vor dem Amtsgericht München allzu heftig versucht habe, seine eigene Schuld auf Kosten des toten alten Mannes zu verringern, irgendwie so, als wäre der sozusagen selbst daran schuld gewesen, daß er sich in seiner kaum noch vorwärtskommenden „Rostlaube" dem prächtigen

Mercedes in den Weg gestellt habe. Da waren, sagen Beobachter der ersten Prozesse, ein paar schlimme Zwischentöne zu hören – und die klangen auch diesmal, in der Berufungsverhandlung, an, wenn etwa der (inzwischen neu verpflichtete) Rechtsanwalt S. in seinem Plädoyer darauf hinweisen zu müssen glaubte, der Herr R. (das Opfer) habe ja wohl vor seiner Reise ein wenig Angst gehabt, in Polen eingesperrt zu werden, und er werde vielleicht schon Grund gehabt haben zu dieser Angst. In solchen Augenblicken, oder wenn der Rechtsanwalt mit fast tonloser Stimme das (gewiß nicht einfache) Schicksal des Menschen O. W. beschwor, der seit dem Unfall nur noch den ‚Austragsposten‘ bei der Hanns-Seidel-Stiftung bekleide, sich ‚auf dem Abstellgleis‘ befinde, weshalb der Unfall recht eigentlich ‚sein Leben zerstört‘ habe – in solchen Augenblicken, wie gesagt, war man schon versucht, zu fragen, wer hier wohl der Täter war und wer das Opfer – und wessen Leben am Ende wirklich zerstört war ... Nun ist freilich wahr, ... daß es natürlich sein (des Angeklagten O. W.) gutes Recht ist, sich verzweifelt an jeden Strohhalm zu klammern, der ihm die Hoffnung gibt, sein Unfall sei womöglich doch unvermeidbar gewesen, weil das Opfer selbst verantwortlich gewesen sei für den Zusammenstoß. Weil diese Hoffnung vor allem dann berechtigt gewesen wäre, wenn R. neben oder in seinem Fiat auf der Mittelspur der Autobahn gestanden hätte, statt zu fahren, war verständlich, daß diese Frage schnell im Mittelpunkt der Verhandlung stand. Daß manches, was zur Unterstützung dieser Hoffnung vorgetragen wurde, daß vor allem die Art, wie es vorgetragen wurde, für lange Zeit einen bitteren Nachgeschmack hinterlassen wird, nicht nur bei vielen Beteiligten des Prozesses, ist nicht O. W.s Schuld, aber es wird eingehen in die Münchner Justizgeschichte."

Wer ist schuld? Es ist *nicht* egal. In diesem Prozeß lag dem Angeklagten, gehe ich von den Presseberichten aus, seine berufliche Laufbahn am Herzen. In einem anderen Land und zu einer früheren Zeit hätte in einem ähnlichen Fall ein Angeklagter, der im Licht des öffentlichen Interesses steht, sich vielleicht das Leben genommen oder wäre zumindest und selbstverständlich zurückgetreten, statt um seinen Posten zu kämpfen.

Ich meine nicht, daß es eine Lösung, eine Entsühnung sei, wenn der betreffende Politiker oder andere, die schuldig oder mitschuldig am Tod von Menschen sind, sich umbringen oder umgebracht werden. Aber egal ist ihre Schuld nicht. Daß man als aufmerksamer Zeitungsleser den Eindruck bekommen muß, gerade Politiker lebten auf der Basis, fortwährend ihre Schuld zu vertuschen und zu verleugnen, liegt natürlich auch daran, daß unsere Gesellschaft – und das sind wir selbst – Menschen nicht anerkennt, die schuldig geworden sind. Das hängt mit der Entlastungsfunktion der kollektiven Projektion eigener Unzulänglichkeit auf die designierten „Verbrecher" zusammen: ein Sündenbock darf keine Würde besitzen. Unbestritten bleibt, daß es für einen Politiker selbstverständlich sein sollte, daß er nach einer Straftat zurücktritt. Als Bürger aber kann er wie jeder andere, der schuldig wurde, sich stellen. Denn schuldig geworden zu sein, kann als ein Aufruf verstanden werden: „Du mußt dein Leben ändern!"

Ausgesetzt der existenziellen Randerfahrung von Schuld werden die Dimensionen des Bisherigen in Frage gestellt. Weiterleben wie vorher, das geht eigentlich nicht. Es ist keine legitime Sühne, sich nun auch selbst noch umzubringen. Dadurch wird die Welt nicht reicher, schöner, leuchtender. Im Gegenteil: noch eine lebendige Möglichkeit, die mit der Existenz jedes Menschen gegeben ist, Sinn in der Welt zu verwirklichen, würde für immer ausgelöscht. Jenseits der Frage nach Sühne und Gerechtigkeit kann das Entsetzen vor der eigenen Schuld, wie jede Grenzerfahrung, uns dazu bringen, unser Leben als Auftrag ernst zu nehmen. Daß ich schuldig geworden bin, macht mein Leben nicht sinnlos. Es zeichnet mich und verleiht ihm einen anderen Ernst. Es ist selten möglich, die Schuld „wiedergutzumachen", das heißt an dem Ort zu sühnen, wo man schuldig wurde. Aber immer läßt sich eine Möglichkeit finden, das Dunkel, das Leid, das Böse zu bekämpfen. Oder, um es nochmals mit den Worten des Gerer Rabbis zu sagen: „Perlen zu reihen, dem Himmel zur Freude."

„Zeit ist Geld"

Manche Menschen haben nie Zeit und kommen doch nicht zu dem, was ihnen wichtig ist. Das Gefühl, keine Zeit zu haben, wird von einem dauernden beängstigenden Druck begleitet. Sie befinden sich fortwährend in innerer Unruhe. Wenn sie etwas tun, denken sie daran, daß sie danach das nächste erledigen müssen, und während sie dann das nächste tun, denken sie ans übernächste … So sind sie nie ganz bei dem, was sie tun, und darum wird es oft auch nicht gut.

Da sie unter dieser Hetze so leiden, sollte man annehmen, daß sie freie Stunden, Tage voller Ruhe und Muße, genießen. Das ist jedoch ganz und gar nicht der Fall. Setzen keine äußeren Pflichten und Aufgaben sie unter Druck, so schaffen sie sich selbst welche. Werden sie durch die Umstände einmal zum Nichtstun gezwungen und es bietet sich nichts, aber auch gar nichts an, was sie tun können, so steigert sich ihre innere Unruhe, manchmal bis zu nackter, jagender Angst.

In Wirklichkeit ist es nicht ihr arbeitsreicher Alltag, sondern sie selbst sind es, die sich so unter Druck setzen. Manche haben an sich gar nicht viel zu tun. Und andere, die täglich ein überdurchschnittliches Arbeitspensum hinter sich bringen müssen, schaffen dies in vollkommener Gelassenheit. Woher kommt diesen die innere Ruhe trotz der objektiv drängenden Situation? Daher, daß sie bei dem sind, was sie jeweils tun. Was sie tun, tun sie ganz, mit voller Aufmerksamkeit auf die jetzige Aufgabe gerichtet. Sie wissen, daß sie in kurzer Zeit das nächste machen werden, aber es beschäftigt sie noch nicht jetzt. Das, was sie gerade tun, ganz zu tun, ist ihr ganzes Geheimnis.

Als die heilige Therese von Avila sich einst ein Rebhuhn recht schmecken ließ, wurde sie gefragt, wie es denn angehen könne, daß eine so fromme Frau sich einem irdischen Vergnügen wie dem Verzehr eines Rebhuhns mit so sichtlichem Vergnügen hingebe – es gebühre ihr doch eher, zu beten. Sie erwiderte: „Wenn beten, dann beten – wenn Rebhuhn, dann Rebhuhn!"

Warum aber setzen jene anderen sich so unter Zeitdruck? Warum gehen sie im allerletzten Moment aus dem Haus, sodaß sie sich beeilen müssen? Ich kenne jemanden, der sich aus Mangel an festen Terminen sogar selbst welche setzt, zu denen er dann hetzt, obwohl es völlig gleichgültig ist, ob er um 14 Uhr dort ist, wie er es sich vorgenommen hat, oder um 15 oder 16 Uhr – es erwartet ihn niemand, es gibt nichts Dringliches zu tun.

Eine junge Frau war sich erst vor kurzem inne geworden, wie sie sich in einem fort hetzte, und versuchte, ruhiger zu leben. So lag sie eines Sonntagvormittags um zehn Uhr noch im Bett, als ihre Mutter sie anrief. Die war entsetzt: „Was, du bist noch nicht aufgestanden? Ich hab schon den ganzen Brotzeitkorb für den Ausflug gepackt. Ich bin seit halb acht auf. Man kann den schönen Tag doch nicht so vertrödeln." Nachher beim Picknick, überlegte ihre Tochter sich, sagt sie das bestimmt wieder. Wenn die anderen noch ein wenig sitzen und schauen wollen, packt sie das Geschirr und die Reste in den Korb und drängt zum Aufbruch.

Menschen, die sich so unter Zeitdruck setzen, leben in ständiger Vorbereitung für einen späteren Zeitpunkt. Sie leben in dem Grundgefühl, das Eigentliche komme erst noch. Das Eigentliche wird später sein, nicht heute, übermorgen. Es werden Listen angelegt über alles, was es bis dahin noch zu besorgen und zu erledigen gilt. Sicher kann eine Liste ein unumgängliches Hilfsmittel sein beim Planen eines Festes oder einer Reise. Aber für die hier beschriebene Einstellung zur Zeit bekommen Listen ein weit größeres Gewicht. Sie treten an die Stelle lebendiger Spontaneität. Solange jemand sich mit der Liste abgibt, lebt er nicht für den gegenwärtigen Augenblick, sondern er plant für später. Je vollständiger die Liste, desto beruhigender ihre Wirkung: es wurde alles bedacht, es kann – nach menschlichem Ermessen – kaum etwas schiefgehen. Vor allem aber vermittelt die Liste eine Pseudolebendigkeit: in der Vorstellung lebt man schon zu dem späteren Zeitpunkt, stellt sich den Urlaub oder das Fest in seinen Einzelheiten vor und bedenkt, was man alles dafür braucht. In der Phantasie lebt man übermorgen. Übermorgen aber ist nie, und so ist das Leben auch nie.

Als ein Mann am Urlaubsort feststellte, daß er auf seiner langen Liste die Sandalen vergessen und sie folglich auch nicht eingepackt hatte, grenzte sein Ärger darüber an Selbsthaß. Er ärgerte sich nicht darüber, daß er nun keine Sandalen hatte. Es gab dort viel bessere zu kaufen, als er mitgenommen hätte, und insofern war sein Fehler sogar ein Glück. Nein, er ärgerte sich über sich selbst, daß er etwas Wichtiges auf die Liste zu setzen vergessen hatte. Eine unvollständige Liste bedeutete, daß er selbst unvollkommen war.

Bei manchen Menschen sind es nicht Listen, sondern es ist der Terminkalender, mit Hilfe dessen sie nicht nur ihre Arbeits-, sondern auch die Freizeit genau verplanen. Ein junges Mädchen, das tagsüber im Büro arbeitete und abends seinem Vater den Haushalt führte, schrieb sich täglich in den Kalender, was sie am Abend in welcher Reihenfolge erledigen wollte. Wenn äußere Umstände dazwischen kamen, zum Beispiel wenn auf ihrer Liste „Toilette putzen" stand und das ging an dem Abend nicht, weil unerwartet Gäste gekommen waren, so geriet sie in Unruhe und war unzufrieden.

Dieses „Leben für übermorgen" zeigt sich meist auch bei materiellen Dingen. Man spart seinen Besitz und schont die Dinge, weil man nicht wissen kann, ob man sie später nicht noch nötiger braucht als jetzt. Geiz entsteht hier nicht aus dem Bedürfnis, sich selbst aufzuwerten, dem eigenen Selbst durch Besitz Fülle zu verschaffen, sondern aus dem Bedürfnis nach Sicherheit. Man mag nichts hernehmen oder gar hergeben, um es für später zu behalten. Man hortet die Dinge für einen Fall, der nie eintritt. Eine Frau kaufte sich eine besonders schöne und kostbare Bluse, hängte sie in ihren Kleiderschrank und zog sie nie an. Ergab sich ein Anlaß, so war er ihr immer nicht wichtig genug, und außerdem fürchtete sie die Bluse schmutzig zu machen. Schließlich gefiel sie ihr gar nicht mehr – sie war aus der Mode gekommen, und auch ihr Geschmack hatte sich geändert. Dieselbe Frau kaufte oft zwei gleiche

Kleidungsstücke oder Haushaltgegenstände. Wenn das eine aufgebraucht, abgetragen, unansehnlich geworden oder zerbrochen wäre, würde sie dann noch das zweite haben. Trotzdem gebrauchte sie auch das erste dann eher selten, schonte es und sparte es auf.

Eßwaren werden gehortet, bis sie verdorben sind. Geschenke werden gekauft und lange nicht hergeschenkt. Kleidungsstücke besitzt man doppelt und dreifach und schont sie trotzdem. Ebenso verfährt man mit dem Küchengeschirr und Eßbesteck. Das Silber wird regelmäßig geputzt, aber nicht benutzt. Man hält Ordnung und macht sauber wie für ein Fest. Aber wenn es Zeit ist zu feiern, ist man viel zu erschöpft von all den Vorbereitungen, um sich freuen zu können. Vor allem aber befürchtet man, die mühsam bewahrte Ordnung und die Vorräte, an denen das Herz hängt, würden dahinschwinden im Trubel des Festes.

Ein Mensch, der so lebt, übertreibt seine Verantwortlichkeit für die Zukunft und macht sie so zur Karikatur – etwa wie wenn eine der fünf klugen Jungfrauen aus dem Evangelium ihr aufgespartes Öl auch dann nicht zum Leuchten hernehmen würde, wenn der Bräutigam eintrifft. Die aufgesparten Vorräte werden nicht zum Leben verbraucht, die durch Hetze herausgewirtschaftete Zeit wird nicht in Muße erfüllt. „Man hetzt sich doch nicht so ab, spart Zeit und Geld und schont den Besitz, um nachher alles auf den Kopf zu hauen!" Hast und Sparsamkeit dienen hier nicht zum Leben, sondern zur Beruhigung.

Was ist so beunruhigend, daß ein voller Terminkalender, unerledigte Aufgaben und volle Vorratsschränke beruhigend wirken? Es ist die Zeit selbst. So lange noch Vorräte da sind, so lange noch was zu erledigen bleibt, solange es Pläne gibt für morgen und für übermorgen, solange scheint die Zukunft garantiert.

Im Grunde weiß jeder Mensch, daß er nicht ewig leben wird, nicht unendlich Zeit zur Verfügung hat. Wer vor lauter Hasten und Sparen nicht zum Leben kommt, versucht sich vor dem Wissen um sein Sterbenmüssen zu beruhigen, indem er die Zeit verdinglicht. Das heißt, er geht mit ihr um als sei sie etwas, was man aufsparen kann, wenn man es nicht benutzt, nicht verbraucht. „Wenn ich mich jetzt beeile, dann hab ich nachher Zeit", „ich lebe erst mal vorläufig, weil das Eigentliche erst später kommt" – aber die Zeit vergeht, nachher bleibt nachher und später ist nie.

„Umsonst ist nur das Leben, und das kostet den Tod" ist nicht ohne Grund ein Leitsatz jener, deren Leben auf Zeit und Geld sparen ausgerichtet ist, denn „Zeit ist Geld!"

Menschen setzen sich unter Zeitdruck, um ihre Todesangst zu vergessen. Vorräte und Termine scheinen die Zukunft zu garantieren. Aber Todesangst läßt sich so nicht restlos verdrängen. Sie meldet sich im Gefühl des Gejagdseins bei der Hetze von Termin zu Termin und in der Schlaflosigkeit, die in der zweiten Nachthälfte mit Angstvorstellungen droht, daß das alles nicht zu schaffen sei.

Endlichkeit

Daß mit fortschreitendem Alter die Zeit schneller zu vergehen scheint, ist eine bekannte Erfahrung. Einem fünfjährigen Kind erscheinen zwei Monate bis Weihnachten als unübersehbar lange Zeit; ein Fünfzigjähriger staunt, daß er den Wintermantel schon wieder braucht, den er doch kürzlich erst weggehängt hat, weil es Sommer geworden war. Immer schneller dreht sich das Karussell der Jahre.

Aber auch unsere Einstellung zur eigenen Endlichkeit verändert sich im Verlauf unseres Lebens. Endlichkeit heißt, nur dieser eine Mensch sein und sterben müssen. Nur dieser eine Mensch sein und nicht ein anderer: „Du, Mensch, Vor- und Zuname", wie der jüdische Philosoph Franz Rosenzweig sagt, dieser Mensch mit diesem Geschlecht, diesen Anlagen, zu einem bestimmten geschichtlichen Zeitpunkt und in eine gesellschaftliche Umgebung hineingeboren – ein begrenzter Mensch mit der Möglichkeit, innerhalb seiner Grenzen seine Anlagen zu entfalten und sein Leben zum Blühen zu bringen.

Sterben müssen heißt, er hat dazu nicht unendlich Zeit zur Verfügung. Seine Zeit ist begrenzt, sie wird ein Ende haben.

Kinder spüren die Endlichkeit daran, daß der Tag immer zu kurz ist für ihre Lebenslust. Aber daß die Tage selbst gezählt sind, kümmert sie kaum. Wissen sie um den Tod, so haben sie lediglich Angst, von geliebten Menschen oder Tieren verlassen zu werden. Darum lassen sie sich immer wieder versichern, daß die Mutter, der Bruder, die Katze noch lange leben werden. Ihr eigenes Ende ist ihnen so fremd wie die Vorstellung, einmal ein alter Mann oder ein altes Mütterchen zu sein.

Zum ersten Mal begegnet uns die eigene Endlichkeit, wenn wir erwachsen werden, aber nicht in erster Linie in ihrem zeitlichen Aspekt, sondern als persönliche und soziale Begrenztheit. Erschien dem Jugendlichen die Welt voller Möglichkeiten grenzenlos, so findet der erwachsen Werdende sich in der beängstigenden Notwendigkeit, daß er sich entscheiden muß für eine Existenzweise, einen Beruf, einen Partner. Manche Entscheidung läßt sich widerrufen oder korrigieren, andere sind unwiderruflich, weil es zu spät geworden ist inzwischen.

Wer das spielerische Ausprobieren der Jugendzeit nicht aufgeben mag, der bleibt kindlich und seine Entscheidungen wirken beliebig, er „kann nicht erwachsen werden." Er möchte, daß weiterhin alles möglich sei, möchte sich nicht alle anderen Möglichkeiten verbauen, indem er sich auf eine einzige festlegt. Soweit es ihm gelingt, ohne Grenzen zu leben, bekommt er selbst keine Grenze, keine Gestalt. Wo alles möglich bleibt, wird nichts wirklich; wer sich alle Wege offenhält, geht keinen, und wer sich seiner Endlichkeit verweigert, wird nicht unendlich, sondern unwirklich.

Daß es zu solcher Verweigerung nicht selten kommt, liegt an der Unausweichlichkeit, dem existentiellen Ernst, der dem Menschen in der Notwendigkeit begegnet, sich entscheiden zu müssen – und in der Gefahr, sich dabei zu irren. Hätten wir unendliche Zeit zur Verfügung, so müßten wir uns nicht entscheiden, nicht zu einem bestimmten Zeitpunkt zumindest. Keine Wahl wäre verbindlich, alles, was ich jetzt verwerfe, kann ich später immer noch nachholen, jeder Irrweg wäre korrigierbar. Es gäbe kein Nein, das nicht zu einem Ja werden könnte, kein Scheitern, keine Gefahr, keine Kontur und keine Person. Wir *können* nicht anders leben als so, daß wir sterben müssen. Der Tod ist die Bedingung dafür, daß Leben ist. Trotzdem, nein, gerade deswegen bedeutet das Erkennen des eigenen Sterbenmüssens eine solche Erschütterung bis ins Innerste, wie sonst vielleicht nur die wirkliche Begegnung zwischen zwei Menschen sie bewirkt.

Wie kann ein Mensch ruhig leben, wenn er doch weiß, daß er sterben wird? Eines Tages wird dieses irdische Leben ein Ende haben. Ist es dadurch nicht schon jetzt entwertet? Wie kann ein Mensch an seinen Tod denken, ohne verrückt zu werden? Welchen Sinn hat ein Leben, dessen Ziel das Grab ist – und welchen Sinn hat es, Kinder in die Welt zu setzen, nur, damit auch sie sterben werden, und deren Kinder und Kindeskinder ebenso? Sobald ein Mensch geboren ist, ist er zum Sterben bestimmt, und jeder Atemzug bringt ihn unausweichlich seinem Ende näher.

Stellvertretend für derartige Sinnlosigkeitsgefühle angesichts des Todes zitiere ich eine 20jährige depressive Patientin des Psychotherapeuten von Gebsattel:

„Ich habe den ganzen Tag ein Gefühl, das mit Angst durchsetzt ist und das sich auf die Zeit bezieht. Ich muß unaufhörlich denken, daß die Zeit vergeht. Während ich jetzt mit Ihnen spreche, denke ich bei jedem Wort: ‚vorbei‘, ‚vorbei‘. Dieser Zustand ist unerträglich und erzeugt ein Gefühl von Gehetztheit. Ich bin immer in Hetze. Das fängt beim Erwachen an und knüpft an Geräusche an. Wenn ich einen Vogel piepsen höre, muß ich denken: ‚das hat eine Sekunde gedauert‘. Wassertropfen sind unerträglich und machen mich rasend, weil ich immer denken muß: ‚Jetzt ist wieder eine Sekunde vergangen, jetzt wieder eine Sekunde‘. Ebenso wenn ich die Uhr ticken höre ... Ich kann nicht verstehen, daß Menschen Pläne machen und einen Sinn mit solchen Zeitangaben verbinden und dabei ganz ruhig bleiben. Ich fühle mich darum allen Menschen entfremdet, so als gehörte ich nicht dazu, als sei ich ganz anders. Wenn die Menschen reden, so kann ich sie nicht verstehen, d. h. mit dem Verstand schon, aber eigentlich verstehe ich doch nicht, daß sie so einfach und ruhig reden und nicht unaufhörlich denken: ‚Jetzt rede ich, das dauert so und so lange, dann tue ich das, dann jenes, und das alles dauert 60 Jahre, dann sterbe ich, dann kommen andere, die leben auch ungefähr so lange und essen und schlafen wie ich, und dann kommen wieder andere, und so geht es weiter, ohne Sinn, Tausende von Jahren ... Ich denke oft, daß ich nicht krank bin, sondern, daß ich etwas erkannt habe, was die anderen nicht erkannt haben; ... ich verstehe überhaupt nicht, daß man anders denken kann.‘‘[15]

Allein, daß sie ein Ende haben wird, bewirkt, daß die Zeit als zu kurz erscheint. Ähnliches habe ich bei einer betagten Frau erlebt, die im Alter recht vereinsamt war. Bekam sie doch einmal Besuch, so erkundigte sie sich gleich bei der Begrüßung, wann der Gast wieder weggehen werde. Gleich, wieviel Zeit zur Verfügung stand, begann sie dann zu seufzen und zu jammern über die kurze Zeit, und alle zehn Minuten unterbrach sie das Gespräch, stellte die Uhrzeit fest und klagte, wie wenig Zeit nun nur noch übrig sei. Gegen Ende begann sie zu feilschen und zu flehen um eine halbe, eine viertel Stunde länger noch. Mit ihrer Furcht vor dem Abschied, dem Ende der Begegnung, verhinderte sie, daß Begegnung überhaupt recht zustande kam. „Is there life before death?"– gibt es ein Leben vor dem Tod? – tauchte vor 15 Jahren als Graffito in Amerika auf. Ist das ein Leben, so wohl der Sinn der Frage, wenn man nur für das Leben nach dem Tode lebt? Für unseren Gedankengang abgewandelt: wo bleibt das Leben, wenn man es nur damit verbringt, sich vor dem Tod zu fürchten?

Daß wir sterben müssen, macht unser Leben nicht sinnlos. Im Gegenteil: *ohne* den Tod hätte das Leben keinen Sinn. Ohne Tod müßten wir nicht wählen zwischen Ja und Nein, zwischen rechts und links. Kein Augenblick wäre wichtig, alles wäre immer noch möglich in der Unendlichkeit. Den Augenblick einer lebenswichtigen Entscheidung, den die Griechen Kairos nannten, gäbe es nicht, und ohne ihn wäre kein Erschrecken, kein Glück, keine Gefahr, kein Gelingen. Kein Sinn und keine Angst. Der Tod macht uns Angst, aber solange ein Mensch unsterblich sein will, ist er nicht lebendig. Wer lebt, wird sterben. Wer lebt, fühlt. Wer den Mut aufbringt, seine Gefühle wahrzunehmen, der hält seine Todesangst aus und lebt. Lebt, sterblich.

Diese Erkenntnis trifft den Menschen, wenn er etwa 30 Jahre alt ist. Mit 30 verändert sich das Verhältnis zur Zeit des eigenen Lebens: der Mensch begreift seine Endlichkeit. Er weiß, daß er bald sterben wird. Mit 40 verändert sich sein Verhältnis zur Geschichte: 6000, 10000 Jahre werden überschaubar. Die Vorgeschichte ist kein fernes dunkles Loch, sie ist vielmehr die jüngst vergangene Kindheit, da unsere Vorfahren noch nicht zu schreiben vermochten. Aus der Erfahrung der eigenen schnell vergangenen Jahre zieht sich der Horizont der Geschichte zusammen. Das Erschrecken vor der eigenen Endlichkeit verliert das Ängstigende, das eigene Leben erscheint eingebettet in den Lebensstrom der Menschheit. Und selbst dieser erscheint kurz in der kurzen Geschichte dieser Welt.

Wir haben tatsächlich nicht viel Zeit, aber genug, um jetzt zu leben, und zu wenig, um jetzt nicht zu leben.

Im Lichte dieser Gedanken wird eine merkwürdige Erscheinung verständlich, für welche die Wissenschaft bislang keine befriedigende Erklärung gefunden hat. Ich meine die Tatsache, daß wir aufgrund unserer biologischen Rhythmen eigentlich täglich eine Stunde Zeit mehr brauchten als wir haben.

Diese erstaunliche Entdeckung wurde bei der Erforschung des regelmäßigen täglichen Auf und Ab der vegetativen und psychischen Funktionen gemacht, zum Beispiel der Reaktionsgeschwindigkeit, des Adrenalin- und anderer Hormonspiegel, des Schlaf-Wachrhythmus, der Körpertemperatur. Versuchspersonen, die monatelang in reizfreien Räumen lebten, wurden daraufhin untersucht, ob auch ohne Zeichen, an denen sie die Tages- oder Uhrzeit hätten ablesen können, diese Tagesrhythmen konstant blieben. Es gab in diesen Räumen kein Tageslicht, keine Geräusche aus der Außenwelt, keine Uhr, weder Telefon noch Radio oder Fernseher, und keinerlei Kontakte zu anderen Menschen. Man bereitete sich die Mahlzeiten selber zu, schob Einkaufslisten unter der Tür durch und fand das Gewünschte in unregelmäßigen Abständen in der Durchreiche. Man konnte Musik hören, lesen, schreiben und schlafen wann man wollte, ebenso war es jederzeit möglich, das Experiment abzubrechen.

Die Beobachtung und die konstant durchgeführten Messungen der Versuchspersonen ergaben, daß auch ohne Wahrnehmung des Tag- und Nachtwechsels unser Körper im Wach-Schlafrhythmus weiterschwingt, gleichsam ist der Körper seine eigene Uhr. Allerdings geht diese Uhr langsamer. Ich zitiere die Zusammenfassung von Dieter E. Zimmer:

„Ihr Tagesrhythmus läuft ohne Zeitgeber weiter, doch er läuft nicht in genauem 24-Stunden-Takt. Die „freilaufende", nämlich ganz sich selber überlassene Periode beträgt vielmehr etwa 25 Stunden, bei dem einen etwas mehr, bei dem anderen weniger. Jedermanns biologische Uhr hat also ihr eigenes Tempo, und der durchschnittliche körpereigene Tag ist 25 Stunden lang. Die Uhr des Körpers geht nach. Warum 25? Warum nicht 24 – oder wenn nicht 24, dann eine beliebig andere Dauer? Rütger Wever meint, es sei vorteilhaft, wenn eine leichte Spannung zwischen äußerer und innerer Zeit bestünde, wenn also sozusagen die innere Uhr jeden Tag nachgestellt werden müßte. Jürgen Zulley erklärt das sonderbare Phänomen damit, daß es dem Körper eine gewisse Leistungsreserve verschafft. Wenn nötig, können wir ohne Schwierigkeiten den wachen, aktiven Tag etwas verlängern. Die 25-Stunden-Uhr des Körpers ist jedenfalls eine erwiesene Tatsache. Seitdem spricht man nicht mehr von Tagesrhythmen. F. Halberg prägte 1959 das Wort ,zirkadian', das heißt ,ungefähr einen Tag lang'."[16]

Ich meine, daß diese Forschungsergebnisse auf etwas ungemein Bedeutsames verweisen und sich nicht bloß mit dem Vorteil einer leichten Spannung zwischen äußerer und innerer Zeit oder dem einer Leistungsreserve erklären lassen. Sie besagen, daß wir täglich zu wenig Zeit haben. Wir brauchen eigentlich 25 Stunden, haben aber nur 24. Nicht erst durch das Wissen darum, daß wir sterben müssen, sondern ganz alltäglich konkret erleben wir, wie kostbar die Zeit ist, wie es nicht selbstverständlich einfach genug Zeit gibt für uns. Nicht metaphysische Reflexion, sondern physisches Erleben stößt uns täglich an die Schranke der Endlichkeit. Wie ein Kind, das ins Bett muß und noch spielen möchte, sind wir die Menschen, die wir sind, weil wir endlich sind und uns sehnen nach mehr.

Rosa Welt

Trost wird Ersatz

Etwas, was einer nicht braucht, kann ihn auch nicht glücklich machen, sollte man meinen. Werbepsychologen jedoch gehen davon aus, daß sie Bedürfnisse wecken und unbewußte Sehnsüchte an beliebige Gegenstände koppeln können, um den Konsumenten durch die Illusion von Glück zum Kauf von Produkten zu bewegen, die zu wünschen ihm ohne die Suggestion der Werbung nie eingefallen wäre. Das interessante Moment dabei ist, daß das angepriesene Produkt an sich zur Stillung der Bedürfnisse, die seine Reklame unterschwellig verspricht, regelmäßig ungeeignet ist. Für Produkte von hervorragender Qualität muß ohnehin nicht geworben werden, sie werden als „Geheimtip" weiterempfohlen. Das beste Münchner Bier zum Beispiel macht, so weit ich weiß, überhaupt keine Reklame.

Aber zurück zur Werbung. Es ist wohl jedermann klar, daß er mit einer Flasche eines bestimmten Aperitifs keine unterkühlt-erotische Eleganz, mit einer Schachtel Zigaretten keine Stillung seines Fernwehs, mit der Wahl des richtigen Kaffees keine Harmonie in der Familie erwerben kann. Trotzdem wirkt die Werbung. Vor allem nährt sie die nur halb bewußte Erwartung, Konsum mache glücklich, und dadurch, daß man etwas kaufe, esse oder trinke, könne man sich selbst oder seine Situation verbessern.

Das Dumme dabei ist nur, daß, indem man eben dieser Illusion verfallen ist, man sich beim Konsumieren irgendwelcher, manchmal giftiger, bestenfalls unschädlicher, aber immer für die spezielle Bedürfnislage wirkungsloser Substanzen davon ablenkt, die eigentliche Unzufriedenheit zu beheben, die tiefere Sehnsucht wahrzunehmen und sie zu stillen.

Ein noch sehr harmloses Beispiel: wenn jemand Appetit auf Paprikachips hat, sollte er welche essen. Wenn jemand Lust zu flirten hat, könnte er sich an einen Ort begeben, wo er Menschen treffen kann, die vielleicht wie er zu einem Flirt bereit sind. Wenn jemand niedergeschlagen ist, würde es helfen, er ginge seinen Gefühlen auf den Grund und fände die Ursache seiner trüben Stimmung heraus. Greift er stattdessen zu der Tüte mit den Paprikachips, um sich etwas Lebensfreude zuzuführen – denn für diese Chips wird mit unbeschwert lachenden und flirtenden Jugendlichen geworben –, so befreien die Chips ihn durchaus nicht von seiner Trübsal; ebensowenig, wie sie dem Einsamen zu einem Flirt verhelfen können. Unserem Verstand leuchten solche Gedankengänge ein, und dennoch erwerben wir immer wieder Dinge, die wir eigentlich nicht brauchen, weil wir unsere wirklichen Wünsche nicht wahrnehmen. Wenn jeder Mensch nur das kaufen würde, was er wirklich haben will, so würden 80 Prozent der Konsumgüter keinen Käufer finden. Das ist meine eigene Schätzung. Und ich propagiere damit durchaus keine Askese. Ich meine eben gerade nicht, daß wir auf die Erfüllung unserer Wünsche verzichten sollten. Ich sage nur, daß wir, weil wir unsere Wünsche nicht wahrnehmen, furchtbar viel Überflüssiges erwerben und konsumieren. Wir kaufen immer mehr Dinge, die unseren eigentlichen Hunger nicht stillen können, und das ist wirklich Verschwendung. Wir leben nämlich nicht üppig und glücklich, sondern werden immer unzufriedener dabei. Denn je mehr wir im sinnlosen Überfluß ersticken, desto weniger spüren wir, was uns wirklich fehlt.

Und das ist durchaus nicht allein schuld der Wirtschaft und ihrer Werbung. Diese benutzt lediglich unsere Bereitschaft, uns von unseren Bedürfnissen ablenken und uns mit Ersatzbefriedigungen abspeisen zu lassen. Die Wurzeln dieser Bereitschaft liegen viel früher.

Ich schildere dazu zwei Situationen, die ich beobachtet habe.

Im Park, Sommer. Ein etwa dreijähriger Junge hat sich sein eines Knie blutig aufgeschlagen, er brüllt. Eine ältere Dame, ich nehme an, seine Großmutter, tröstet ihn: „Ist doch schon gut, es tut doch gar nicht mehr weh, ist doch schon längst wieder vorbei." Dabei kramt sie Schokolade aus der Handtasche und stopft ihm ein

Stück zwischen die Lippen. Er schließt den Mund, kaut, lutscht, es kommen nur mehr unterdrückte Schluchzer.

Ein sechsjähriges Mädchen hat hilflos mitansehen müssen, wie ein Jagdterrier sein zwei Monate altes Kätzchen totgebissen hat. Jetzt hat sie es mit Hilfe ihres Vaters begraben, ein Kreuz und Blumen auf das Grab gepflanzt. Es hat ein wenig geholfen, daß sie etwas tun mußte, aber im Grunde ist sie immer noch todtraurig. Sie weint, will die kleine Katze wieder ausgraben, nachsehen, ob sie nicht doch wieder lebendig ist. Der Vater versichert ihr, daß sie ganz bestimmt tot sei. Er ist auch traurig, hat das Kätzchen auch gern gehabt, und er fühlt den Schmerz seiner Tochter mit. „Ich will den Hund umbringen, diesen Sauhund!" schreit die Kleine. „Das hilft nichts, davon wird sie auch nicht wieder lebendig", antwortet der Vater. „Willst du ein neues Kätzchen haben, wenn es wieder welche gibt?" fragt er, und weiß im selben Augenblick, daß er aus seiner Hilflosigkeit heraus etwas sehr Dummes gesagt hat. ‚Wenn ich ihr jetzt nicht erlaube, traurig zu sein', denkt er, ‚dann wird sie auch nicht traurig sein, wenn ich einmal tot bin.' „Nein", heult das Kind, „ich will daß diese wieder lebt." Da nimmt der Vater sein kleines Mädchen in die Arme, sagt nichts mehr und sie sind zusammen traurig.

Die meisten Tröstungen sollen Kinder deswegen ablenken von ihrem Schmerz, weil die Erwachsenen den Kummer der Kinder nicht aushalten. Das Geschrei und die Tränen rühren zu sehr an den eigenen unterdrückten Schmerz. Schnell ein Stück Schokolade auf die Wunde, schnell ein neues Kätzchen her, und schon mußt du nicht mehr weinen. Ist ja schon gut, tut ja nicht mehr weh. Natürlich tut es weh. Aber um den Großen, die man liebt, den Gefallen zu tun, versucht man, die Tränen zurückzuhalten. Man versucht, nicht mehr traurig zu sein. Der süße Schokoladengeschmack drückt den Kummer die Kehle hinab bis tief unten, da wird er vergessen. Und wenn er doch wieder hochkommt: schnell etwas Gutes in den Mund geschoben, schon vergeht das dumme Gefühl.

Kummer ist nur ein Beispiel. Wird ein Kind eilig getröstet und abgelenkt von seinem Schmerz, so findet sich in seiner Familie oft auch sonst die Tendenz, Konflikte zu vermeiden und Gefühle mit Geschenken zuzudecken. Die Atmosphäre in solchen Familien erscheint Außenstehenden beneidenswert harmonisch und liebevoll. Zu Geburtstags- und Weihnachtsfesten wird besonderes Gewicht auf die ausgetauschten Geschenke gelegt. Die Säuglinge – und nicht nur sie – werden immer, wenn sie merken lassen, daß ihnen was fehlt, mit Essen „abgespeist". So lernen sie bereits von der Wiege an, daß sie bei Sehnsucht nach Nähe, Wärme, Zärtlichkeit einen vollen Bauch bekommen. Der volle Bauch wird zum Ersatz für ein warmes Herz. Später gibt es Geschenke statt Liebe.

Die Familienbotschaften in solchen Gemeinschaften lassen sich etwa so formulieren: „Im Grunde genommen sind wir uns alle einig. Wir sind eine fröhliche Familie. Sei lieb. Schau nicht so ernst. Es ist nicht schlimm. Es kann nichts Schlimmes geben, das wäre zu schrecklich. Ärger' dich nicht, denk an was anderes."

Das Geschenk hat in solchen Familien ein Doppelgesicht: einerseits ist es Ersatz. Der Vater, der seine Zuneigung nicht anders zu zeigen vermag, lädt seine halbwüchsige Tochter zum Eisessen ein. An sich eine gute Gelegenheit, in Ruhe miteinander zu sprechen. Aber es entsteht kein Gespräch. Sie löffelt ihr Eis in sich hinein, traurig und wütend, daß sie nicht miteinander reden können. „Schmeckt es dir denn?" fragt er, und „danke, ja", antwortet sie, und sie hat das Gefühl, daß er sie überhaupt nicht versteht.

Andererseits ist das Geschenk auch Ausdruck der Zuneigung, der einzige Ausdruck, der dem Betreffenden möglich ist. In dem Gegenstand steckt immerhin doch die Liebe, die diese Eltern ihrem Kind geben können. Das Geschenk oder das Essen ist ein Zeichen. Auch Menschen, die einander ihre Gefühle mitteilen können, geben sich ja hin und wieder ein Geschenk. Der Unterschied zu diesen ist dort, wo Gefühle anders nicht gezeigt werden, nur der, daß dort die Geschenke die einzigen Zeichen der Liebe sind und die zusätzliche Funktion haben, von der Wahrnehmung, daß das eben so ist, ablenken zu müssen.

„Wenn mein Vater mich nur einmal in den Arm genommen hätte! Aber er hat mir nur teure Sachen zum Anziehen gekauft, und dann mußte ich mich überschwenglich bedanken dafür", sagte die Frau, die das Eisessen mit dem Vater als so armselig in ihrer Erinnerung hatte. Erst Jahre, nachdem ihr Vater gestorben war, kam ihr der Gedanke, er sei womöglich gar nicht so gefühlskalt gewesen, wie sie ihn erlebt hatte. Vielleicht hatte er sich ebenso wie sie nach mehr Nähe zu ihr gesehnt, hatte bloß Scheu vor seinen eigenen Gefühlen gehabt und sie nicht anders zeigen können als versteckt in Eis und Kleidern.

Der Trost wird zum Ersatz, und über dem Ersatz wird das Gefühl vergessen. Jenes Gefühl, das der Trost zudecken sollte – Schmerz und Wut – oder jenes, das der Ersatz ausdrücken wollte: Zuneigung und Zärtlichkeit. Menschen aus solchen Familien sind auch als Erwachsene oft noch sehr süß. Sie haben das Gefühl, daß sie nur dann gemocht werden, wenn sie heiter sind. Sie tragen ein sonniges Gemüt zur Schau und machen anderen unvermutet kleine Geschenke, die besonders lieb ausgesucht und hübsch verpackt sind. Ebenso sind sie aber auch abhängig davon, als Liebesbeweis Blumen oder Überraschungen zu bekommen. Sie lassen sich leicht auf die jeweilige Stimmung des anderen ein, lachen mit, wenn er heiter ist, lenken ihn ab und muntern ihn auf, wenn er traurig ist. In ihr Gesicht hat sich ein immerwährendes Lächeln eingegraben. Es ist ihnen wichtig, irgendwelche Vorzüge zu besitzen, die sie in den Augen anderer liebenswert erscheinen lassen: körperliche Schönheit, Einfallsreichtum, Schlagfertigkeit, gute Laune, Freigebigkeit. Es ist, als versuchten diese Menschen in ihrer Seele Schmetterlingen zu gleichen, die, hübsch und heiter, schwerelos von Blüte zu Blüte taumeln, sich und der Welt zum Vergnügen.

Beim Erwachsenen kommt zu den Ebenen von Essen und Geschenken als Ausdruck sonst nicht ausdrückbarer Gefühle – und zugleich, um diese zu unterdrücken – eine dritte Ebene dazu: die Sexualität. Wenn gemeinsames Erleben und Austausch der Gefühle einem Paar nur mehr auf der Ebene blanker Sexualität möglich ist, dann wird diese Möglichkeit, sich Liebe zu zeigen, ihrer Spontaneität beraubt und mit der Gewichtigkeit, Liebesbeweis zu sein, überlastet.

Ein Paar kam zur Beratung, weil sie mehr und mehr sexuelle Schwierigkeiten miteinander bekommen hatten. Dabei waren sie anfangs nicht zuletzt deswegen beieinander geblieben, weil sie gerade in der körperlichen Liebe so viel Freude miteinander gehabt hatten. Der Mann klagte, seine Frau habe viel weniger Lust zur Liebe als früher. Er fürchte, sie liebe ihn nicht mehr, denn sonst würde sie ihn sexuell nicht so oft abweisen. Die Frau wiederum sagte, sie habe bei ihm das Gefühl, er begehre nur ihre Brüste und ihren Hintern. Wer sie wirklich sei, davon habe er keine Ahnung. Sie habe es satt, ihren Körper für eine Illusion herzugeben.

Sie hatte, wie sich im Gespräch zu dritt zeigte, im Anfang die sexuelle Liebe gar nicht so sehr als Zusammenklang und Austausch empfunden. Sie hatte dabei eher das Gefühl, etwas von sich herzugeben. Sie gab ihren Körper in der Hoffnung, dafür Geborgenheit und Zärtlichkeit zu bekommen. Wenn er sie begehrte, so war das für sie ein Liebesbeweis, und sie bemühte sich, so „gut" wie möglich im Bett zu sein. Ihr Mann sagte sehnsüchtig, sie sei so leidenschaftlich und zärtlich gewesen, und er könne sich nicht vorstellen, was er seither falsch gemacht habe. Er selbst habe sich nicht verändert, er begehre sie ebenso sehr wie damals. Sie sei doch auch glücklich gewesen mit ihm, und ihre Orgasmen seien bestimmt nicht gespielt gewesen, so könne eine Frau sich gar nicht verstellen. Sie gab zu, daß ihr Vergnügen echt und sie sexuell befriedigt gewesen sei mit ihm. Aber glücklich sei sie trotzdem immer weniger gewesen, weil außer Sexualität nichts war zwischen ihnen. „Immer ging es gleich ins Bett. Wenn ich ihm was erzählte, hat er nicht zugehört. Und wenn ich ihn fragte, wie es ihm geht, sagte er nur ‚gut'. Und dann fing er an, mir durchsichtige Spitzennachthemden und Reizwäsche mitzubringen. Die hab ich dann aus Protest gar nicht erst angezogen."

Diese Frau hatte allerdings die Einengung der partnerschaftlichen Kommunikation auf das Sexuelle selbst mitinszeniert, als sie gleich zu Beginn der Beziehung „Sex für Liebe" gab und „Sex als Liebesbeweis" empfand, ohne je mit ihrem Mann darüber zu sprechen.

Immer, wenn eine einzige Beziehungsebene zur alleinigen und damit zum Ersatz für alle anderen gemacht wird, bekommt das, was auf ihr geschieht, eine übergroße Gewichtigkeit, wird mit fremder Bedeutsamkeit überfrachtet, und nichts geht mehr harmlos und einfach – so lange, bis einfach nichts mehr geht. Gleich, ob es sich um Essen, Geschenke oder Sexualität handelt. Ein anderes Beispiel: Ein Mann hatte kurz nach der Hochzeit seiner Frau eine Liste seiner Leibspeisen gegeben. Die eine oder andere stand auch immer mal auf dem Tisch. Nach drei Jahren geriet die Ehe in eine Krise. Der Mann unterzog die Frau insgeheim für sich einem Test: wenn sie innerhalb der nächsten zehn Tage sein Lieblingsgericht kochen würde, dann würde er seinerseits alles tun, damit ihre Ehe die Krise überstehe. Die Frau kochte es nicht, aber die Ehe ist heute noch lebendig. Er brachte den Mut auf, ihr zu sagen, wie vernachlässigt er sich fühle, und sie erwiderte ihm, sie wolle nicht als Mutter oder Köchin von ihm geliebt werden, sie habe noch andere Fähigkeiten und Bedürfnisse. Es gab eine lange Aussprache, die nur der Anfang war. Zufällig fand sie an einem Mittwoch statt. Seither haben die beiden den Mittwochabend für sich reserviert. Sie nehmen sich Zeit füreinander, gehen essen oder trinken zu Hause eine Flasche Wein und sagen sich, was sie aneinander stört und was sie freut, was sie sich voneinander wünschen und wie sie sich gegenseitig erleben.

Wenn in einer Partnerschaft oder für einen einzelnen ein Lebensgebiet zum Ersatz für alle anderen wird, reduziert sich die Komplexität des Lebens auch auf ein einziges Problem. „Alles wäre gut, wenn er mir nur hin und wieder Blumen mitbringen würde." „Unsere Ehe wäre der Himmel auf Erden, wenn meine Frau nur mehr sexuelles Interesse hätte." „Ich wäre völlig zufrieden, wenn sie mir nur manchmal meine Lieblingssuppe kochen würde." „Ich müßte bloß weniger essen – das Rauchen oder Trinken aufhören –, dann hätte ich keine Probleme mehr." An sich ist die Welt rosa und ich bin ein Schmetterling. Nur diese eine Schwierigkeit hängt wie ein Bleigewicht an meinem Leib und hindert mich am Fliegen. Aber eigentlich hat sie nichts mit mir selbst zu tun. Ich bin ganz rosa und ganz süß.

Glitzernde Zerstreuung

Bloß nichts merken! Zur Not geht das auch ohne Ersatz, nur mit Ablenken. Bei kleinen Kindern ein beliebter Trick, sie zum Schweigen zu bringen, wenn sie vor Zorn oder Schmerz brüllen. „Guck mal da – der bunte Vogel!" und das Kind starrt mit offenem

Mund hinter dem ausgestreckten Zeigefinger der Mutter her. Klappt garantiert, wenn der Schmerz nicht allzu stark war.

Wovon lenken wir uns ab? Von uns selbst, von dem, was wir gerade fühlen. Wer sich ablenkt, hat keine so klar umrissene Erwartung wie jemand, der einen bestimmten Ersatz für seine Gefühlswelt braucht, Schokolade, Whisky oder Sex. Ablenkung ist viel konturenloser. Hauptsache, es ist was anderes. Möglichst schnell, möglichst glitzernd, möglichst laut. Und abwechslungsreich.

Manche brauchen andere Menschen um sich, können nicht allein sein. Allein sind sie konfrontiert mit der Leere. Zumindest Musik muß da sein, damit das schweigende Brüllen der Einsamkeit übertönt wird. Aber nicht solche Musik, der man zuhören muß, sondern Musik, die zerstreut, Musik, die ablenkt. Hintergrundsmusik, immer und überall möglichst. Man konzentriert sich nicht, man zerstreut sich. Beim Essen liest man, beim Lesen läuft der Fernseher, beim Joggen hat man den Walkman im Ohr. Alles dreht sich, alles glitzert, das Multi-Media-Erlebnis garantiert eine Konfussion, die endlich ausreicht, das Eigene zu übertönen. Auch dramatische und chaotische Liebesaffairen können die Funktion erfüllen, den Betreffenden oder die Betreffende von der Konfrontation mit sich selbst abzulenken.

Ich erlebte dies bei einer gut aussehenden jungen Frau, die eine starke erotische Ausstrahlung besaß. Jedesmal, wenn sie zu mir kam, war etwas anderes los. Sie stand zwischen mehreren Männern, von denen einige verheiratet waren, sie war nicht treu und wurde betrogen, leidenschaftlich umworben, verfolgt von anonymen und Kontrollanrufen, Mord- und Selbstmorddrohungen – sie hatte immer so viel zu erzählen von ihren Partnern, daß sie nie dazu kam, von sich selbst zu sprechen. Das einzige, was sie für sich selbst tat, war, daß sie ihr Gesicht und ihren Körper pflegte und sich mit Geschmack und Raffinement kleidete. Im übrigen erschien sie mir wie ein Land, dessen Regierung die Bevölkerung dadurch von innenpolitischen Schwierigkeiten ablenkt, daß sie Grenzkriege mit Nachbarstaaten anzettelt. Dauernd ist draußen so viel los, daß man nicht dazu kommt, sich mit den inneren Angelegenheiten zu befassen.

Die inneren Angelegenheiten sind das Eigene, die Nähe zu sich selbst. Eine andere Frau war allmählich im Laufe ihrer Arbeit an sich selbst darauf gekommen, wie sie sich fortwährend ablenkte. „Jetzt merke ich es wenigstens", sagte sie. „Heute morgen nimmt mich mein Freund liebevoll in den Arm – und sofort sehe ich über seine Schulter zum Fenster hinaus, was wohl für Wetter ist. Bescheuert!"

Bloß nichts fühlen. Nichts und niemanden nahe kommen lassen. Als sie klein war, habe ihr Vater sie oft ausgeschimpft. „Hör doch nicht hin", hat die große Schwester ihr geraten. Da übte sie, ein zerknirschtes Gesicht zu machen und sich mit dem Blick an irgendetwas festzuhalten. Seine Schuhe, groß und abgetragen. Der rote Teppich auf dem Flur, im Muster sind Drachenfratzen. Was es wohl heute zum Essen gibt? Vaters Schelte rauschte an ihr vorbei und kränkte sie fast nicht mehr, wenn sie an was anderes dachte. Sie fühle sich wie ein gasgefüllter Luftballon, sagte sie. Zehn Meter über dem Boden, entfernt von der Wirklichkeit, und jeder Wind weht sie, wohin er will, jeder zufällige Anblick, jeder Einfall lenke sie ab. Sie spüre sich selbst überhaupt nicht mehr.

Zu merken, daß man sich nicht spürt, ist der Anfang. Sich nicht länger ablenken zu lassen von Gedanken und Geschichten – in Zeitschriften zum Beispiel –, die nicht die eigenen sind, und von Geräuschen, die mit dem eigenen Zustand nichts zu tun haben – Hintergrundsmusik zum Beispiel –, ermöglicht erst eigene Erfahrungen. Es können lustvolle oder schmerzliche sein, aber sie gehören zu mir, sind meine Antwort auf die Welt. Die Sammlung, die das Gegenteil von Zerstreuung ist, muß erst wieder gelernt werden. Sammlung ist die verschüttete, vergessene, lange nicht geübte Fähigkeit, das eigene Herz zu hören, eigene Gefühle zu spüren, eigene Gedanken zu denken.

„Sei dankbar!"

In seinem autobiographischen Roman „Der grüne Heinrich" berichtet Gottfried Keller, wie er, ein in pietistischer Frömmigkeit recht streng erzogenes Kind, in Kirchen von dem unwiderstehlichen Drang überfallen wurde, gotteslästerliche und unanständige Schimpfworte zu sagen. Er verstand sich selbst dabei nicht, hielt sich für vom Bösen besessen und versuchte mit ganzer Kraft, sich gegen die Versuchung zu wehren – vergeblich. „So gereichte es mir eine

Zeitlang zu nicht geringer Qual, daß ich eine krankhafte Versuchung empfand, Gott derbe Spottnamen, selbst Schimpfworte anzuhängen, wie ich sie etwa auf der Straße gehört hatte. Mit einer Art behaglicher und mutwillig zutraulicher Stimmung begann immer wieder diese Versuchung, bis ich nach langem Kampfe nicht mehr widerstehen konnte und im vollen Bewußtsein der Blasphemie eines jener Worte hastig ausstieß, mit der unmittelbaren Versicheurng, daß es nicht gelten solle, und mit der Bitte um Verzeihung; dann konnte ich nicht umhin, es noch einmal zu wiederholen…"[17]

Die Mutter des grünen Heinrich ist strenggläubig, sie verdient den Unterhalt für sich und ihren Sohn, da sie verwitwet ist, opfert ihr Leben für den Sohn auf und liebt ihn herzlich. Und er, der sie auch von ganzem Herzen liebt und verehrt, versucht, ihr zu gefallen. Zornige, unanständige und gotteslästerliche Gedanken gehören nicht in diese kleine, heile, fast heilige Welt. Sie gehören nicht zu ihm, sie sind der Mutter ganz und gar fern, und in die Kirche gehören sie schon gar nicht. Woher kommen sie, warum überfallen sie ihn gerade am heiligsten Ort und zwingen ihn, Dinge zu sagen, die er nicht sagen will, schreckliche Dinge, die Gott sicher vernimmt, denn vor Ihm ist nichts verborgen. Und wenn die Mutter ihn auch nicht gehört hat, so fühlt er sich doch wie ein Lügner vor ihr danach, vor ihr, die ihn liebt, weil sie ihn irrtümlich für brav, anständig und fromm hält.

Einen kleinen Jungen aus meinem Bekanntenkreis sah ich bei einem Kindergeburtstag sich scheu vor der vollen Kuchenplatte im Hintergrund halten, während die anderen Gäste gierig zugriffen. „Magst du nicht auch ein Stück Kuchen?" fragte ich ihn. „Nein danke. Ich habe keinen Hunger." Es klang eine Spur zuviel Bescheidenheit in seiner Antwort, ich glaubte ihm nicht ganz, und da ich seine Mutter kannte, nahm ich an, sie habe ihm eingeschärft, er solle sich bescheiden zurückhalten und nicht so gierig sein. Später, als die anderen Topfschlagen spielten, sah ich ihn verstohlen ein Kuchenstück nehmen und schnell in sich hineinstopfen.

Dasselbe Kind gibt mit dem freundlichsten Lächeln anderen Kindern alles ab, was die von ihm haben wollen. Er sagt nicht nein, er wehrt sich nicht. Aber wenn er eine Schnecke, einen Käfer, einen jungen Frosch oder sonst irgendein kleines Tier im Garten erblickt, stürzt er sich drauf und zertritt es. „Die sind doch schädlich, die müssen nicht leben", erklärte er mir kalt und trotzig, als ich ihn erschrocken fragte, warum er das tue.

Eine Studentin kam wegen ihrer Anfälle von verzweifeltem Sinnlosigkeitsgefühl zu einem Gespräch. Sie lächelte und sprach mit lebhafter heller Stimme. Ihr Auftreten stand in völligem Gegensatz zu dem Inhalt dessen, was sie sagte. Ich machte sie auf diesen Widerspruch aufmerksam. Ja, meinte sie, als sie letzthin mit jemandem aus ihrem Freundeskreis über ihren desolaten Zustand gesprochen habe, hätte der ganz ungläubig reagiert: sie sei doch immer so fröhlich und munter, daß *ihr* was fehle, könne er sich kaum vorstellen. Sie fuhr sich mit der Hand über den Mund, als wolle sie ihr Lächeln wegwischen. „Das ist wie eingegraben, wie versteinert", sagte sie. „Hab Sonne im Herzen, ob's stürmt oder schneit!" sei ihr Wahlspruch, seit die von ihr verehrte Lehrerin in der ersten Klasse ihr den ins Poesiealbum geschrieben habe. Und dankbar, liebevoll und fröhlich, so wolle sie gern sein. Das sei doch nicht falsch, oder?

Heiterkeit und Frömmigkeit, Dankbarkeit und Bescheidenheit sind nicht „falsch". Es sind Tugenden, die uns wie Sterne leiten können. Aber wir sind falsch, wenn wir, um – bildlich gesprochen – ganz rosa und golden zu leuchten, den Schatten nicht wahrhaben wollen, der auch zu uns gehört. Apfelbäume haben Blüten, die sich weiß und rosa den Strahlen der Sonne öffnen, die Wurzeln der Bäume aber graben sich ins Dunkel des Erdreichs, geben ihnen Halt und Nahrung. Und je höher hinauf ein Baum wächst, umso tiefer reichen seine Wurzeln in die Erde hinein. So auch bei uns: erst das Wissen um das Dunkel, um die Tiefen und Abgründe unserer Seele verleiht uns die Kraft, groß zu wachsen, reich zu blühen und Früchte zu tragen. Nur Blüte, nur rosa, nur Licht ohne Schatten, ohne Tiefe, das gibt es nicht. Das ist verlogen. Verlogen wie Sprüche in Poesiealben („Dem Reinen ist alles rein", „Mach es wie die Sonnenuhr, zähl' die heitren Stunden nur" sind vom gleichen Ungeist wie der eben erwähnte), verlogen wie süßliche Drucke vom Guten Hirten in Pastelltönen über dem Bett, verlogen wie das erstarrte Lächeln auf dem Gesicht von Menschen, die immer freundlich, zuversichtlich und dankbar sein wollen.

Dabei ist es keine Lösung, nun als Gegengewicht die trüben,

verzweiflungsvollen, todessüchtigen Gefühle zu kultivieren. Jede einseitige, vor allem jede künstliche Kultivierung von Gefühlen ist falsch, ist verlogen. Denn Gefühle sind. Man kann Gefühle nicht machen. Man kann sie bloß entweder unterdrücken und sich sicherheitshalber gegenteilige suggerieren – oder man kann sie wahrnehmen. „Sei lieb!", „sei dankbar!", „sei nicht mehr traurig!" – das sind Aufforderungen, die einen Widerspruch in sich tragen. Denn ein wesentliches Merkmal jedes Gefühls ist seine Spontaneität, das heißt, es ist unberechenbar, frei und eigenständig. Kein Gefühl entsteht auf Aufforderung hin. Was aufgefordert entsteht, ist ein Verhalten, das die üblichen Erscheinungsweisen des verlangten Gefühls nachahmt, eine schauspielerische Leistung also, die, je öfter sie erbracht wird, desto gewohnheitsmäßiger, habitueller wird, bis sie zur zweiten Natur geworden ist. Das Lächeln hat sich eingegraben, der Glaube wurde zur Bigotterie, die Dankbarkeit zur Geste. Ein Kind, von dem verlangt wird, daß es dankbar sei, muß genau die Aufmerksamkeit von seinem Geschenk abziehen, die es darauf verwendet, die richtige Hand zu geben, „danke für das schöne Geschenk" zu sagen, eine höfliche Verbeugung zu machen und die Mienen der Großen zu prüfen, ob es nun auch alles richtig gemacht habe. Das ist nicht Dankbarkeit, das ist Dressur. Wer das durchschaut, freut sich am meisten, wenn das von ihm beschenkte Kind sich ganz auf das Geschenk konzentriert. Erst ältere Kinder schauen nach der ersten Freude an der Gabe von sich aus auf und danken dem Geber.

Sollen wir denn dann die Kinder zur Undankbarkeit erziehen? Die Frage geht am Sinn dieser Gedanken vorbei. Es geht nicht darum, bestimmte Gefühle wie Dankbarkeit hervorzurufen oder zu vermeiden. Es geht um die Einsicht, daß man Gefühle nicht hervorrufen oder vermeiden kann, ohne unwahrhaftig zu werden. Es geht um die Aufrichtigkeit bei der Wahrnehmung meiner Gefühle und um die dann erst mögliche Entscheidung, ob ich dieses Gefühl jetzt mitteilen oder für mich behalten will. Ein Gefühl vor anderen verbergen, weil ich diese nicht verletzen oder kränken will, ist etwas ganz anderes, als es vor mir selbst verborgen halten. Das eine kann Takt oder Klugheit sein, das andere ist immer Dummheit und Unaufrichtigkeit vor mir selbst.

Mißtrauen

Ohne „gesundes Mißtrauen" wären wir nicht imstande, die alltäglichen Aufgaben zu bewältigen. Gesundes Mißtrauen ist die Vorsicht, die genau schaut, um zu unterscheiden zwischen bekömmlich und verdorben, zwischen hoch- und minderwertig, zwischen gesund und krank. Diese Vorsicht und die dazugehörige Welt- und Menschenkenntnis wird durch Erziehung vermittelt und durch eigene Erfahrung im Laufe des Lebens vertieft. Je ernster jemand sich und sein Leben nimmt, desto genauer schaut er hin, weil es ihm wichtig ist, zwischen Gut und Schlecht zu unterscheiden. Er schaut, ob das Material für seine Arbeit taugt, ob die Lebensmittel, die er einkauft, frisch, ob seine Geschäftspartner zuverlässig sind. Diese Vorsicht hat nichts Lebensfeindliches, sie dient dem Leben vielmehr, indem sie Schädliches frühzeitig zu erkennen sucht, um es nicht bedrohlich werden zu lassen. Die Dinge und Menschen, die für tauglich, für gut, für vertrauenswürdig befunden wurden, auf die verläßt man sich dann auch. Wer solche Vorsicht walten läßt, der untersucht zum Beispiel eine Leiter erst genau, welche lange ungebraucht am Schuppen hing, ehe er auf sie hinaufsteigt. Steht er aber oben, dann verläßt er sich auch darauf, daß sie ihn trägt – er hat sie ja geprüft.

Von diesem „gesunden Mißtrauen" soll hier nicht die Rede sein, sondern von einem Urmißtrauen, welches mit Realitätsbewältigung nichts zu tun hat. Wo dieses Mißtrauen herrscht, stört es das Weltbild und das Lebensgefühl eines Menschen und macht ihn unglücklich. Es entsteht aus primären, das heißt in der Lebensgeschichte eines Menschen sehr früh angesiedelten Erfahrungen von Ungeborgenheit. Die frühe Säuglingszeit ist unter optimalen Bedingungen erfüllt von Behagen, Geborgenheit in der Nähe und emotionalen Wärme der Mutter. Solches Erleben vermittelt dem Menschen das Gefühl, daß es gut ist zu leben, daß er sich auf andere Menschen verlassen kann, daß er geliebt wird. Neuere Forschungen[18] haben gezeigt, daß der Mensch entwicklungsgeschichtlich nicht ein Nesthocker, sondern ein Tragling ist, wie die Känguruhs, Koalabären und höheren Affen. Von seinen physiologischen Bedürfnissen als Tragling her ist er am glücklichsten, wenn er am Körper der Mutter seine erste Lebenszeit verbringen und ihren Herzschlag hören kann, dessen Rhythmus ihm vom vorgeburtlichen Leben her vertraut ist. Das Gefühl, geborgen zu sein, wird von daher oft mit Begriffen des Haltens und Tragens beschrieben: Rilke sagt „... Und doch ist Einer, welcher dieses Fallen ... in seinen Händen hält"[19]; wir sprechen vom tragenden Lebenssinn, davon, daß eine Freundschaft oder Liebesbeziehung tragfähig für Belastungen ist.

Das besagt nicht, daß Menschen, die als Babys nicht umhergetragen wurden, neurotisch werden müssen. Mir sind viele Kinder und Erwachsene bekannt, die wenig getragen wurden und seelisch ganz gesund sind. Daß ihre Mütter gut zu ihnen waren, ist ausschlaggebend. Diejenigen Neurotiker allerdings, die ich genauer kenne, haben alle frühkindliche Versagungen erfahren, und ich denke, daß sie die emotionalen Entbehrungen und Lebenskatastrophen, die ihnen später widerfuhren, besser hätten bewältigen können, wenn sie in ihren ersten Lebensmonaten ein seelisches Kräftereservoir hätten ausbilden können, wenn sie Geborgenheit oder Getragenwerden erlebt hätten.

Jedenfalls ist die Geborgenheit in den Armen der Mutter und das von ihr Getragenwerden Urbild für Sicherheit im Leben, für das Grundgefühl, daß die Welt uns trägt und daß das Leben sinnvoll ist. Psychologen bezeichnen diese Sicherheit als „Urvertrauen"[20]. Es ist die Basis für alle Lebensfreude, für Hoffnung und Zuversicht, für das Vertrauen in den eigenen Wert, in eigene Kräfte und Fähigkeiten, für Liebes- und Glaubensfähigkeit. Soweit das Urvertrauen gestört ist, sind diese Fähigkeiten beeinträchtigt, ist anstelle von Vertrauen das Lebensgefühl des Betreffenden bestimmt von Zweifel, Verlassenheit, Ungeborgenheit.

Beeinträchtigt wird das Urvertrauen dadurch, daß in der individuellen Entwicklung beängstigende Erfahrungen gewichtiger waren als die tragenden von Gehaltenwerden und Geborgensein; sei es aufgrund ihrer Häufigkeit, ihrer Eindringlichkeit oder der angeborenen Übersensibilität des Kindes. Normalerweise haben wir alle beängstigende Verlassenheitssituationen erlebt, nur werden sie gemeinhin ausgeglichen durch gegenteilige Erfahrungen, daß schließlich doch jemand kommt, wenn man wartet. Beim gestörten Urvertrauen ist es nicht die Erfahrung von Ungeborgenheit allein, die den Menschen in eine so graue Welt von Verzweiflung stürzt, sondern, daß er keine Zuversicht als Gegengewicht ausbilden konnte. Es ist das eigentlich pathologische Prinzip, das Nein sagt, weil es sich im Übermaß verletzender Erfahrungen an das Neinsagen gewöhnt und in einer Welt ohne Hoffnung eingerichtet hat. Würde man jetzt Ja sagen, so liefe man Gefahr, nochmals enttäuscht zu werden. Das täte zu weh, eher richtet man sich ein in der Leere der Sinnlosigkeit. Grob gesehen verhält es sich etwa derart, als habe die Mutter einst ihr Kind nicht wichtig genommen, es verlassen und vergessen. In der Folge nimmt dieser Mensch sich selbst nicht wichtig, mag sich nicht, denn um sich selbst zu akzeptieren, muß man zuerst geliebt worden sein[21]. Manchmal zweifelt er, ob es ihn selbst und die Welt überhaupt gibt. Denn um sich zu spüren, muß man zuerst einmal immer wiederkehrend Nähe und Wärme eines anderen Menschen, der einen hielt und barg, gespürt haben. Durch die Konstanz der Beziehung zur Mutter entwickelt der Säugling zugleich Zutrauen und Liebe zu ihr sowie ein Selbstgefühl und ein Gefühl von Lebenslust: „Du bist da und tust mir gut, ich spüre mich in deinen Armen, an deiner Brust. Es ist eine Lust zu leben." Ohne diese Erfahrung wäre ein Mensch nicht lebensfähig. Kommt sie nur unvollständig zustande, so ist sein Bezug zu sich selbst, zu anderen Menschen und zum Lebenssinn ebensoweit eingeschränkt, denn ohne Lust wird auch kein Sinn erfahren.

Man wird vielleicht nicht häufig auf Menschen treffen, die an einer extremen Ausprägung gestörten Urvertrauens leiden. Aus früher seelischer und emotionaler Unterernährung entsteht eine Entwirklichung der Welt und der eigenen Person, die den Erwachsenen dann nach außen hin abweisend und gefühlsarm erscheinen läßt. Der Mangel an Zuwendung führt zur Abwendung von sich selbst wie auch zur Unfähigkeit, sich anderen zuzuwenden.

„Irgendwo ganz unvermutet stehe ich vor einer Farbfotografie statt in der Landschaft. Die Umgebung verflacht sich ins Zweidimensionale. Und dann könnte eine Riesenfaust aus dem Weltall kommen und von hinten das Papier durchstoßen. Hinter der Farbfotowelt klaffte dann ein leeres dunkles Loch." Dieses und die folgenden Zitate stammen nicht von Psychotikern, sondern von Menschen, die durchaus normal und angepaßt leben und arbeiten. Auf Außenstehende wirken sie nicht so unwirklich, wie sie selbst sich und ihre Umgebung erleben. „Ich fühle mich fortwährend so, als ginge ich auf dünnem Eis, das jederzeit unter mir einbrechen kann." Ein anderer erwartet, die Schwerkraft könne auf einmal aussetzen, und dann werde er von der Erde fortstürzen, hinein in die Unendlichkeit, in die Leere des Weltraums. Auch in dem Gefühl, keinen Boden unter den Füßen zu haben, sondern im dunklen Raum haltlos zu schweben, zeigt sich die seelische Ungeborgenheit. Zweifel an der Tragfähigkeit der Erde kann sich in der Vorstellung äußern, die Atome und Moleküle würden nicht mehr zusammenhalten, die Elektronen und Neutronen würden sich auf einmal von den Atomkernen entfernen, so daß die gesamte Welt in einer ungeheuren Explosion auseinanderstöbe. Nichts trägt, nichts hält einen, und die Wirklichkeit ist nicht wirklich. An allen Wahrnehmungen kann man zweifeln, auch an der der eigenen Gefühle: bin ich wirklich zornig, oder denke ich mir bloß, daß ich jetzt zornig sein müßte? Mag ich diese Frau, oder bilde ich mir das nur ein?

Da das Zweifeln aus der Verarmung des unentwickelten Fühlens entsteht, wird der Intellekt zur Kompensation, zum Ausgleich eingesetzt, was zu vermehrtem Zweifeln und Grübeln führt.

Bereits als Kind habe er über alles so nachgrübeln müssen, berichtet jemand. Er habe zum Beispiel nachgedacht, ob die Wörter das bezeichnen, was man glaubt, oder ob sie nicht in Wahrheit eine ganz andere Bedeutung besäßen. Warum sollten sie gerade dies bedeuten und nicht etwas anderes? Als Siebenjähriger habe er sich eine Zeitlang gefürchtet, die Menschen seien alle in Wirklichkeit böse Geister. Die ganze Welt würde ihn hinter's Licht führen und ihm Rollen vorspielen. Das habe seine Mutter so angeordnet, die in Wirklichkeit die Oberhexe sei, der alle gehorchten. Alle

Menschen wüßten das, nur er ahnte es bloß. Auch habe er nicht gewußt, ob alles Geschehen und damit auch seine Gedanken und Entscheidungen vorbestimmt seien, oder ob er sich frei entscheiden könne. Um sich seinen freien Willen zu beweisen, sei er manchmal ganz plötzlich auf seinem Weg umgekehrt und einige Meter zurückgelaufen – aber dann quälte ihn der Gedanke, daß auch dieser scheinbar spontane Entschluß ja schon seit Anbeginn der Zeit festgestanden haben könne. Als junger Mann habe er seine Existenz als so absurd empfunden, daß er in sein Tagebuch geschrieben habe: „Wenn es Götter gibt, dann haben sie Krallen und Klauen, um mein Herz zu zerfleischen", und „Gibt es irgendeinen Platz in der Welt, wo mir das höhnische Gelächter des Kosmos nicht in den Ohren gellt?"

Ein solcher Mensch kann auf seine Mitmenschen eiskalt, berechnend, unecht und egoistisch wirken. Was davon stimmt für ihn selbst? Die Kälte stimmt: er ist auch sich selbst gegenüber distanziert und gefühlskalt. Auch berechnend ist er vor sich selbst, denn wo er in seinem Fühlen unsicher ist, fängt er zu kalkulieren an. Und auch die Unechtheit trifft zu: er schaut sich selbst oft gleichsam über die Schulter, beobachtet sich und weiß dabei nicht, was wahr, was falsch ist, ob er seine Gefühle wirklich fühlt oder sie sich lediglich einbildet. Nur, daß er ein Egoist sei, das stimmt nicht, selbst in solchen Fällen nicht, wo er selbst einer zu sein meint. Denn im Grunde genommen kann er nicht aus seinem Herzen heraus „Ich" sagen und fühlen. Er ist sich selbst so fremd wie andere Menschen, so unwirklich wie ihm die Welt erscheint.

Die Rettung aus der schattenhaften Unwirklichkeit seiner Existenz läge darin, daß er sich selbst so annehmen würde, wie seine Mutter es ihm gegenüber nicht konnte. Er müßte sich verfleischlichen in seine eigene Existenz und verwurzeln in der Erde, statt im leeren Raum zu schweben, wo alles möglich und nichts wirklich ist. Erst wenn ein Mensch wirklich Ich sagen kann, kann er auch Du sagen und leiblich leben und fühlen. Aber auch das ist kein Egoismus, wenn ein Mensch sich selbst und damit auch die anderen und das Leben bejahen lernt. Ich zitiere dazu Ruth C. Cohn: „Ich möchte, daß jeder Mensch ganz ,Ich' sagen lernt, weil er nur dann seine Erfüllung finden kann; und in jedem Ich ist bereits das Du und das Wir und die Welt enthalten. Wenn ich mich tief genug in mich einlasse, meinen Augen und anderen Sinnen traue, sehe ich auch die Welt draußen – meine Nächsten, Frau, Mann, Kinder, Freund und Freundin, Menschen auf der Straße, auf dem Bildschirm, Bäume, Tiere, Häuser, Berge, Meer und Himmel. – *Wenn ich mich ganz auf mich und meine Augen einlasse, sehe ich die Welt, und wenn ich mich ganz auf die Welt einlasse, komme ich zu mir ...* Meine Freude und meine Trauer sind um so tiefer, je mehr ich der Welt zugehöre mit meinem Gefühl. *Wenn ich mich tief in mein Gefühl einlasse, komme ich zur Welt. ...* Was ich sagen will, ist, *daß Drinnen und Draußen – die Selbstverwirklichung, die Weltverwirklichung – sich in mir in Autonomie und Interdependenz treffen. Ich erlebe, daß ich um so autonomer bin, je mehr ich mir unserer Interdependenz bewußt werde, und um so gemeinschaftlicher, je mehr ich meine Eigenart pflege."*[22]

Wenn er Ich sagen und sich bejahen lernte, dann würde er entdecken, daß er nicht mehr wie als Säugling untätig warten muß, bis jemand kommt und sich um ihn kümmert, daß er vielmehr erwachsen geworden und fähig ist, sich um sich selbst zu kümmern und selbst auf Menschen zuzugehen. Auf Menschen, zu denen er, behutsam und allmählich, sein Vertrauen wachsen lassen kann. Das geht nur, wenn er den Mut aufbringt, nochmals durch den Schmerz der Erinnerung und durch die Angst, enttäuscht zu werden, hindurchzugehen. Aber er hat nichts zu verlieren als die Eiswüste der Einsamkeit.

Ersatz wird Sucht

Es gibt Arbeitssucht und Trunksucht, Magersucht und Spielsucht – „jede Richtung des menschlichen Interesses kann süchtig entarten, wenn sie in den Dienst des Ausgleichs gesteigerter unerträglicher Leere gestellt wird."[23] Es gibt Suchtformen, die mit körperlicher Abhängigkeit einhergehen, und andere, die ohne diese auftreten. Gemeinsam ist allen Arten, daß der Süchtige sein eigenes Verhalten als fremd erlebt. Etwas in ihm zwingt ihn, sich selbst zu zerstören. Diese Kraft widerspricht seiner Vernunft, aber sie ist stärker als sein Wille. Sein Bemühen, mit dem süchtigen Verhalten aufzuhören, unterliegt immer wieder seiner Abhängigkeit. Trotz der Einsicht in die Schädlichkeit, je Lebensfeindlichkeit seiner Sucht ist der Betreffende außerstande, sich von ihr zu befreien. Er kämpft gegen die Sucht, als gehöre sie nicht zu ihm. Sie ist wie etwas Fremdes, das aber das ganze eigene Denken und Fühlen beansprucht. Nichts ist mehr wichtig als das Mittel der Sucht, die Frage, wie und wann man es sich wieder verschaffen kann, und die andere Frage, ob man beim nächsten Mal stärker sein werde, stark genug, um abstinent zu bleiben.

Ein Alkoholiker zum Beispiel nimmt sich abends beim Einschlafen vor, morgen endlich einmal trocken zu bleiben. Sein Entschluß steht fest, und weil seine Sehnsucht, sich aus der Umklammerung der Sucht zu befreien, so groß ist, erscheint das Vorhaben auszuführen ihm nicht einmal schwer. Beim Aufwachen morgens erinnert er sich an das Versprechen, das er sich gestern abend selbst gegeben hat. Er überdenkt den Tag, der vor ihm liegt, und stellt sich dabei alle Gelegenheiten vor, bei denen er in die Nähe von Alkohol kommen, wo ihm solcher gar angeboten werden könnte. Er nimmt sich vor, dann stattdessen Saft zu verlangen, und probiert in Gedanken schon Formulierungen aus, mit denen er seine Abstinenz erklären und entschuldigen wird. Und schon ist sein ganzes Denken wieder von Alkohol erfüllt. Bis zum Mittag, spätestens bis zum Abend hat sich irgendein unvorhersehbarer Anlaß ergeben, bei dem er nun wirklich eine Ausnahme machen mußte, um nicht unhöflich oder als Spielverderber zu erscheinen. Und nach dem ersten Glas trinkt sich's dahin ... Dann geht er wieder mit der festen Absicht zu Bett, morgen aber ganz bestimmt trocken zu bleiben ...

Was macht den Süchtigen süchtig? Die Befriedigung, die das Suchtmittel ihm verschafft, ist es nicht, im Gegenteil. Gerade, daß die Sehnsucht unerfüllt bleibt, deren Erfüllung er unbewußt durch das Suchtmittel zu erlangen hoffte, gerade das läßt ihn immer wieder danach verlangen. Gerade, daß Nikotin, Alkohol, liebeleere Sexualität oder unaufhörliche Arbeit zur Befriedigung ungeeignet sind, macht den Süchtigen süchtig. Es ist wie bei einem durstigen Hund am Meer, der Wasser aus den auslaufenden Wellen aufleckt: das salzige Wasser steigert seinen Durst, so daß er noch mehr davon trinkt, bis sein Magen revoltiert. Er kotzt es aus und wird davon wiederum durstiger, trinkt Meerwasser, der Durst wächst, er trinkt ... Nur mit dem Unterschied, daß der süchtige Mensch weiß um die Ungeeignetheit, ja Schädlichkeit seiner Sucht und doch nicht aufhören kann. „Alkohol ist vergiftete Muttermilch"[24] – genauer ist die paradoxe Wirkung der Suchtmittel nicht in Worte zu fassen. Eigentlich fehlt etwas anderes: Muttermilch, Mutterliebe, Nähe, Wärme, Geborgenheit. Oder die Möglichkeit, sich zu wehren, selbständig zu werden, wütend und traurig sein zu dürfen. Statt der Nähe gab es Ersatz, Süßigkeiten vielleicht oder ein Spielzeug. Für's Bravsein wurde man belohnt. Der Trost, die Belohnung verdecken das ursprüngliche Bedürfnis, man gewöhnt sich an symbolische Befriedigung durch den Ersatz. Wer von früh an den Mangel gewohnt war, hat vielleicht keine andere Befriedigung als die durch symbolische Substitute kennengelernt. Ihm ist Ersatz nichts Minderes, sondern die einzige Weise, in der Zuneigung erfahrbar war und jetzt ertragbar ist. Unverstellte Zuneigung, brächte jemand sie ihm entgegen, wäre ihm suspekt, denn damit kennt er sich nicht aus. Der Ersatz wird gesucht. Man wird immer abhängiger von ihm, weil er zugleich befriedigt, zumindest im Augenblick, und auf die Dauer und in der Tiefe unbefriedigt läßt. So kann Ersatz zur Sucht werden.

Ersatz befriedigt, Sucht betäubt. Ersatz wird gesucht, Sucht verfolgt einen. Der Übergang geschieht allmählich. Sucht ist nicht bloße Gewöhnung an den Ersatz. Erst wenn das gesamte Denken und Fühlen um deren Gegenstand kreist und man nicht mehr imstande ist, das eigentlich Ersehnte dem süchtig verlangten Substitut vorzuziehen, handelt es sich um Sucht. Ein Beispiel dafür ist die Gestalt des Konsul aus Malcolm Lowrys Roman „Unter dem Vulkan", der vor der Liebe seiner Frau zum Alkohol und ins Bordell flieht.[25]

Eine Form süchtigen Verhaltens, wo es besonders augenfällig ist, wie das eigentlich Ersehnte gegen ein symbolisches Substitut ausgetauscht wird, ist die Unfähigkeit, Möglichkeiten zu sexuellen Kontakten nicht wahrzunehmen. Sie findet sich bei Männern wie bei Frauen, ich schildere sie vom männlichen Erleben her. Der Betreffende kann ein durchaus gutaussehender Mann sein und hat unter Umständen eine befriedigende, auch sexuell erfüllte Beziehung zu einer Partnerin. Trotzdem nimmt er jede Gelegenheit wahr, mit anderen Frauen ins Bett zu gehen. Dieses Verhalten kann mehrere und verschiedene Wurzeln haben. Unter anderem kann mitspielen, daß der Betreffende es nicht gelernt hat, sich gegenüber seiner dominierenden Mutter zu behaupten, und diese Unfähigkeit in seinen Umgang mit anderen Frauen hineinträgt. So, als sähe er unbewußt in jeder Frau seine Mutter, der er zu Willen sein muß. Umgekehrt erscheinen autoritär erzogene junge Mädchen manchmal nahezu unfähig, sich sexueller Annäherungen besonders älterer Männer zu erwehren. Der ältere Mann ist für sie dem Vater gleichzusetzen, dem zu gehorchen sie gewohnt sind.

Es kann sich aber auch um eine „Verdinglichung" der Liebe handeln, um die Erwartung, ein ungeheures Defizit an Wärme und Geborgenheit lasse sich durch sexuelle Kontakte auffüllen. Beim Mann kann man diese Sucht als „Don Juanismus" bezeichnen, bei Frauen heißt sie „Nymphomanie". Allerdings ist es ein Irrtum, dem man immer wieder begegnet, eine Nymphomanin sei orgasmusunfähig. Ebenso, wie der Mann ejakulationsfähig sein und doch unbefriedigt bleiben kann, kann auch die unter dieser

Sucht leidende Frau orgasmusfähig und trotzdem unerfüllt sein. Man nennt dieses Erleben „impotentia satisfactionis", die Unfähigkeit, im Geschlechtsverkehr Befriedigung zu erleben, obwohl die biologischen Funktionen ungestört vollzogen werden.

„Ich habe so wenig Liebe gehabt, da kann ich es mir nicht leisten abzulehnen, wenn endlich einmal eine Frau bereit ist, mit mir zu schlafen", erklärte ein Mann seine Sucht nach Sex. Ob die Frau ihm gefällt oder nicht, spielt keine Rolle. Wenn auch nur der Schatten einer Möglichkeit besteht, daß sie mit ihm ins Bett gehen könnte, setzt er alles daran, sie dazu zu bringen. Irgendwo in ihm muß etwas die Bereitschaft der jeweiligen Frau verwechseln mit der Liebe, nach der er sich einmal sehnte. Aber Liebe ist kein Kuchen, den man geschenkt bekommen und sich einverleiben kann. Liebe ist ein emotionaler Prozeß, eine Sehnsucht, die sich erfüllt, wenn der geliebte andere einem das gleiche Gefühl entgegenbringt. Wenn man aus Sehnsucht nach Liebe die Gesten der Liebe vollzieht, obwohl man die Partnerin nicht liebt und nicht einmal sehr begehrt, so bekommt man Sex statt Liebe. Das wäre in Ordnung, wenn man nichts anderes gewollt hätte. Ein bloß sexuelles Zusammensein kann lustvoll, befriedigend, sogar ekstatisch sein. Der betreffende „Sexsüchtige" aber empfindet seine Kontakte nicht als befriedigend. Sie lassen ihn unerfüllt, ja emotional hungriger als zuvor, und – und dies ist nun der entscheidende Punkt der Dynamik, wodurch das süchtige Verhalten sich durch sich selbst in Form einer Teufelsspirale steigert – er sucht die Leere mit noch mehr desselben Suchtmittels aufzufüllen. Er greift bei nächster Gelegenheit zu dem gleichen untauglichen Mittel, ganz wie der durstige Hund am Meer.

Der unfreiwillige Charakter der Sucht ist zwar inzwischen allgemein bekannt, dennoch wird die Ausweglosigkeit, in der ein Abhängiger sich befindet, von Außenstehenden oft nicht erkannt. „Er hätte ja nicht damit anzufangen brauchen", „warum beherrscht er sich nicht" – Vorwürfe mischen sich manchmal sogar mit Neid auf die Intensität des süchtigen Erlebens, Neid auf die Farbigkeit des visionären Drogentrips, auf die Menge des Geldes, das ein Heroinabhängiger sich täglich zu verschaffen in der Lage sein muß, auf die Leistung eines Arbeitssüchtigen, auf den Genuß der Eß- und Trunksüchtigen, auf die Potenz und den Erfolg des

Sexsüchtigen. Daß diese Intensität nicht freier Wahl entspringt, sondern Ausgeliefertsein bedeutet, wird nicht gesehen. Überhaupt vermutet jemand, der selbst nicht süchtig ist, leicht, mit der Sucht sei doch irgendeine besondere Lust verbunden, denn ohne diese kann er sich das Verfangensein in ihr nicht vorstellen. Diese Lust aber gab es lediglich am Anfang, als der Betreffende noch nicht abhängig geworden war, als es ihm noch möglich gewesen wäre, aufzuhören. Am Anfang einer Rauschmittelsucht, einer Abhängigkeit von Alkohol, Drogen oder Arzneimitteln, spricht man von „Mißbrauch". Dem „Mißbrauch folgt sehr schnell die Gewöhnung. Der Organismus verträgt immer größere Mengen des Suchtstoffes scheinbar reaktionslos, was, um dann die gleiche subjektive Wirkung hervorzurufen, ein Mehr und Mehr notwendig macht. Ein Aufhören ist immer verbunden mit psychischen und physischen Entzugserscheinungen."[26] Der Körper des Süchtigen hat sich auf die regelmäßige Giftzufuhr eingestellt und beantwortet ein Ausbleiben mit qualvollen Entzugserscheinungen.[27] Diese können nur durch erneute Zufuhr des Stoffes zum Aufhören gebracht werden, und der Süchtige greift nach ihm nicht aus freier Wahl und Genußverlangen, sondern weil er keinen andern Weg sieht, um der Qual zu entkommen. „Das Opium hatte schon lange aufgehört, seine Herrschaft auf den Zauber der Freude zu bauen, und allein durch die Qualen, die jeden Versuch, ihm zu widerstehen, begleiteten, behielt es seine Macht."[28] Aber nicht die körperlichen Entzugserscheinungen allein sind verantwortlich für das Fortdauern einer Abhängigkeit. Es gibt Suchtformen, die nicht auf körperlicher, sondern auf psychischer Abhängigkeit beruhen. Zum Beispiel Spielsucht, auch die schon erwähnte Sexsucht, und auch im Alkoholismus findet sich eine Form rein psychischer Abhängigkeit. Der Betreffende ist imstande, beliebig lange ohne Alkohol zu leben, ohne unter seinem Entzug zu leiden. Trinkt er aber auch nur ein einziges Glas, so kann er nicht mehr aufhören, bis er berauscht ist. Die Macht des Alkohols ist stärker als seine Vernunft, die Kontrolle ist ihm aus den Händen genommen. In der psychologischen Fachsprache: er leidet unter „Kontrollverlust". Die Kontrolle eines psychisch Abhängigen, der „trocken" ist, geht nur so weit, daß er es ablehnen kann, den ersten Schluck Alkohol zu sich zu nehmen.

Danach setzt sie aus. Daher die einsichtige und millionenfach erfolgreiche Anweisung der Anonymen Alkoholiker, ein Alkoholabhängiger möge sich nicht vornehmen, er werde in seinem Leben nie wieder trinken. Das sei eine viel zu langfristige und viel zu schwer überblickbare Aufgabe. Er möge sich nur am Beginn eines Tages vornehmen, heute das erste Glas stehen zu lassen, und dies an jedem Tag erneut.

Da im Prinzip jede menschliche Betätigung süchtig entarten kann, ist es nicht das Suchtmittel, das süchtig macht; sondern die Droge, die Leistung oder irgendeine andere Betätigung wird benutzt, um ein Defizit auszugleichen. Schmidbauer schreibt: „Es gibt kein Mittel, seelische Vorgänge zu verändern, das nicht zum Suchtmittel werden kann; die Persönlichkeit des Konsumenten macht aus, ob es ein Suchtmittel ist oder nicht. Von den vielen Menschen, die einmal in ihrem Leben eine bestimmte Rauschdroge kennenlernen, bleiben nur recht wenige ‚hängen'. Selbst bei den schwersten Suchtgiften, wie Heroin und Morphin, ist es nicht die Droge selbst, die den Betroffenen süchtig macht. Sie wird benutzt, um unbewußte oder bewußte seelische Konfliktspannungen zu mildern, einer belastenden inneren oder äußeren Situation zu entfliehen. Dabei überwiegt in der heutigen Rauschgiftwelle die ‚innere' Belastung, während früher Rauschgiftsucht vorwiegend auf Grund äußerer Belastungen entstand (etwa die Opiumsucht des hungernden chinesischen Kuli, die Kokainsucht des peruanischen Lastenträgers, die Morphinsucht des von Schmerzen geplagten Kriegsverletzten) ...

Wer sich ein wenig unter seinen Mitmenschen umsieht, beobachtet die verschiedensten Süchte. Dabei wollen wir alles hier einordnen, was als Beschwichtigungsmittel seelischer Spannungen unentbehrlich geworden ist und auf die Dauer den Organismus schädigt. Es gibt Arbeitssüchtige, die am Wochenende nervös und während eines längeren Urlaubs vollends unerträglich werden (weshalb sie entweder halb stolz, halb leidvoll versichern, seit Jahren keinen Urlaub gemacht zu haben, oder Berge von Arbeit an den Ferienort mitnehmen). Es gibt Fernsehsüchtige, die jeden Tag stundenlang die albernsten Programme verfolgen, nachher darüber jammern und am nächsten Tag wieder magisch von dem flimmernden Schirm angezogen dasitzen. Es gibt Hausfrauen, deren Sauberkeitsstreben zur Sucht geworden ist, die ein Fleck auf einem Möbelstück in Verzweiflung stürzt. Es gibt Autonarren, die lieber ihre Frau als ihren Führerschein verlieren würden, es gibt Lärmsüchtige, die noch auf einsamen Spazierwegen ihr Kofferradio oder ihren Kassettenrecorder mitschleppen und ohne Geräuschkulisse schrecklich nervös werden (obschon längst bekannt ist, daß dauernder Lärm das vegetative Nervensystem überreizt und schädigt). Überall in der Konsumgesellschaft lassen sich suchtartige Mechanismen beobachten, die sehr oft von Industrie und Reklame gefördert werden, weil sie den Absatz der Produkte steigern und die Produkte – wie Rauschgift auch – durch die Folgen ihrer Anwendung unentbehrlich machen."[29] Ich ergänze den Katalog noch um Spielsucht an Computern und Automaten, Magersucht (Anorexia nervosa), Eß-Brechsucht (Bulimarexie), Fettsucht (Adipositas) und Selbstzerstörungssucht.

Ein selbstbeschädigendes Element ist in allen Suchtformen enthalten. Manche Suchtmittel wirken direkt toxisch auf den Körper, wie Nikotin, Alkohol, Drogen und Medikamente; andere schädigen den Abhängigen bloß in seinen sozialen, beruflichen oder privaten Beziehungen, wie Spiel- und Arbeitssucht; einige lediglich psychisch durch die Einengung seiner Lebendigkeit auf das Thema der Sucht; viele aber beeinträchtigen ihn in allen Bereichen zugleich: körperlich, seelisch und sozial. Etymologisch hängt Sucht mit Seuche, einer grassierenden Krankheit, und mit siech, langwierig krank, zusammen. In der Selbstzerstörungssucht, die dadurch in die Nähe des Zwangs gerät, geschieht die Schädigung direkt, ohne Umweg über ein Suchtmittel. Sie besteht darin, daß der Betreffende nahezu unaufhörlich sich selbst, meist einen bestimmten Körperteil, zwanghaft kratzt, puhlt oder kaut, etwa Haare ausreißt oder Nägel abkaut. Mir ist sie nie so deutlich begegnet wie bei einem älteren Alkoholiker. Er hatte beim Gespräch sein linkes Bein auf das rechte Knie gelegt und kratzte sich mit der rechten Hand in einem fort am Schienbein. Als er meinen Blick bemerkte, erklärte er, das sei die einzige Arbeit, die er wirklich fleißig betreibe. Vor Jahren habe er sich an einem Stacheldrahtzaun verletzt, es sei zunächst nur ein kleiner Riß gewesen. Aber er habe ihn fleißig „gepflegt", er könne nicht anders, er müsse das immer wieder aufpuhlen. Ich ließ mir die Wunde zeigen: es war ein großes Geschwür, teils bläulich vernarbt, teils verkrustet, teils blutig. Wofür mochte dieser Mann sich so ausdauernd selbst bestrafen – für unterdrückte sexuelle Wünsche, für emanzipatorische oder aggressive? Eine Sucht kann im konkreten Einzelfall Ersatz für vieles sein.

Jean Liedloff nimmt an, daß Heroinsucht Ersatz für die Geborgenheit sei, die ein von der Mutter getragener Säugling erlebt: „Es scheint, daß das durch Heroin hervorgerufene Gefühl auf eine sehr wesentliche Art dem Gefühl ähnelt, das ein Säugling hat, wenn er getragen wird. Die lange richtungslose Suche nach einem verschwommenen Etwas ist zu Ende, wenn ein Heroinkonsument das verlorene Gefühl erfährt ... Sollte sich dies als zutreffend erweisen, dann erschiene der Süchtige nur deshalb so krank, weil die Krankheit, an der wir alle teilhaben, bei ihm auf grausame Weise zur Oberfläche gelangt ist: Bei ihm wurde der Mangelzustand mit Erfüllung konfrontiert, wenn auch durch einen lebensgefährlichen Ersatz für seine ursprüngliche Erfüllung."[30]

Ein Suchtmittel kann direkt auf den frühkindlichen Mangel verweisen (wie es der Ausspruch vom Alkohol als vergifteter Muttermilch besagt), es kann aber auch zur Kompensation für Mangelerlebnisse auf einer anderen Ebene dienen (jemand wird zum Trinker wegen seiner beruflichen Erfolglosigkeit). Die Sucht kann Ersatz sein für Liebe, Nähe, Geborgenheit, wie für emanzipatorische Kraft, für Selbstentfaltung, Durchsetzungsvermögen, Erfolg in allen sozialen Bereichen. Sie kann auch Ersatz sein für die Wahrnehmung eigener Haßgefühle und für die Auseinandersetzung mit ihnen. So kann das destruktive Element der Sucht den Doppelaspekt von Selbstzerstörung und Muttermord besitzen: indem ich trinke, bestrafe ich mich für meine unterschwellige Wut auf die Mutter, die mir zu wenig Liebe gab oder die mich nicht so leben ließ wie ich bin – und zugleich ertränke ich die immer noch in mir lebendige Stimme dieser Mutter, mache sie mundtot mit Saufen. Daß eine solche unbewußte Auseinandersetzung mit dem Introjekt der bösen Mutter bis zum Selbstmord gehen kann, der dann zugleich als Mord an der Mutter verstanden werden muß, zeigt der Psychoanalytiker Elhardt: „... dann liegt intrapsychisch eine *aggressive* Auseinandersetzung mit dem Introjekt der versagenden Mutter vor. Der Suizid ist unbewußt ein nachträglicher

Muttermord und Rache an dem grausamen Mutterbild, das man introjektiv ins eigene Ich bzw. Über-Ich einverleibt hat."[31] So kann, liest man das Unbewußte mit, der Süchtige die Droge mit den widersprüchlichen Motivationen konsumieren, sich zu entspannen, zu befriedigen, sich unerfüllt zu lassen, zu enttäuschen, die Mutter in sich zum Schweigen zu bringen und sich zugleich für seine verdrängten Haßgefühle dieser Mutter gegenüber zu bestrafen.

Ein Aufhören ist wohl erst dann möglich, wenn der Ersatzcharakter der Sucht sichtbar und spürbar geworden ist. Wenn klar ist, daß der Durst des Herzens nicht mit Alkohol und der Hunger der Seele durch einen vollen Magen nicht zu stillen sind.

Noch eine weitere Funktion hat die Sucht, welche dem Abhängigen meist erst nachträglich bewußt zu werden beginnt, nach einem erfolgreichen Entzug oder nachdem er in einer Therapie oder Beratung sich mit seinem Suchtverhalten auseinanderzusetzen begonnen hat. Dies ist die Tatsache, daß die Sucht ihn entlastet. Sie nimmt sein gesamtes Fühlen und Denken so in Beschlag, daß kein Platz für ein Sichbeschäftigen mit anderen Aufgaben bleibt. Er hat nur noch ein Problem: den Kampf um das Suchtmittel und gegen die Sucht. „Als ich aufgehört hatte", sagte mir eine Klientin, die früher eßsüchtig gewesen war, „merkte ich erst, wie viele Schwierigkeiten ich hatte. Vorher dachte ich, das Essen und meine Figur seien mein einziges Problem." Eine andere Bulimarektikerin schildert den Entlastungscharakter ihrer Sucht: „Ich habe meine Sucht fast sechs Jahre verborgen, es nie gewagt, mich irgendeinem Menschen anzuvertrauen. Selbst vor meinem Mann und den Kindern habe ich dieses Doppelleben geführt. Ich habe es nicht einmal so richtig erkannt, oder besser: Ich wollte es nicht sehen, daß ich süchtig bin, daß ich immer häufiger zum Essen griff. Wenn ich Streß, Frustration, Angst, Gefühle – auch positiver Art – glaubte nicht aushalten zu können, dann habe ich mich mit Essen betäubt. Meine eigentlichen Probleme, nämlich das Zusammenleben mit meinem Mann, meine Situation als Mutter zweier kleiner Kinder, ohne Berufsausbildung, Orientierungslosigkeit auf allen Gebieten, das zu frühe Gebundensein, beladen mit Verantwortung – und doch selbst so sehr auf der Suche nach mir –, das alles hat mir so viel Angst gemacht, daß ich es vorgezogen habe, nur noch ein einziges Problem zu haben: meine immer schlimmer werdende Freßsucht. Ich war überzeugt, daß ich all diese Probleme erst gar nicht anzugehen brauchte, solange ich nicht ein ganz normales Eßverhalten habe. Ich raubte mir dadurch jegliche Energie zum Eigentlichen ...

Ich möchte lachen, glücklich sein, lieben und geliebt werden, aber auch Angst, Schmerzen, Wut und Verzweiflung spüren und aushalten können. Konfliktfähigkeit anstelle von Pseudo-Konfliktlosigkeit. Diese Pseudo-Konfliktlosigkeit hat mein ganzes bisheriges Leben begleitet ...

Ich will endlich spüren und leben, und je mehr ich das Gefühl habe, zu leben, um so weniger fresse ich. Ich habe mich schon viel zu lange dem Leben entzogen und mich statt dessen mit Essen betäubt. Ich habe den Hunger nach Zärtlichkeit und Geborgenheit, Anerkennung und Wärme mit Essen zu stillen versucht. Ich beginne, meine wirklichen Probleme klarer zu sehen, und versuche, mich ihnen zu stellen. Ich weiß, daß ich Schwierigkeiten habe, mich zu akzeptieren oder gar zu lieben."[32]

Die Entlastung durch die Sucht geschieht nach dem gleichen Muster, das auch der Schuldzuschreibung (s. S. 51 ff) und dem Sichhetzen (s. S. 71 ff) zugrunde liegt: ein Nebenschauplatz wird zum Hauptkampfplatz, und es ändert sich im Wesentlichen nichts. Nämlich dort nicht, wo es notwendig wäre: im nicht Hinfinden zu sich selbst, im nicht Wahrnehmen der Bedürfnisse nach Nähe oder Eigenständigkeit, im Vergessen der eigenen Bestimmung. Solange man gegen die Sucht ankämpft, lebt man in der Illusion, alles werde gut, wenn man nur von ihr frei werde. Daß alles aber vorher anfing, nimmt man erst wahr – wieder wahr –, wenn die Sucht einen nicht mehr beherrscht.

Trauer, Wut und die Sehnsucht nach Zärtlichkeit und Nähe wurden ursprünglich unterdrückt. Stattdessen gab es einen Trost und Ersatz, der bald die Stelle des eigentlich Ersehnten einnahm. Wird der Ersatz zur Sucht, verhindert diese letztlich wiederum die Wahrnehmung der eigenen Gefühle. Die Sucht überwuchert die Lebendigkeit des Süchtigen wie ein Schmarotzer, der seine Wirtspflanze, einen Baum zum Beispiel, aussaugt, bis dieser schließlich nur noch für den Schmarotzer, die Sucht, lebt. Die Sucht ist fremd und er haßt sie, aber sie hat sich festgekrallt in seiner Seele und ernährt sich von seinen eigenen verborgenen Gefühlen. Diese Gefühle und wie die Süchtigkeit in ihnen wurzelt, wahrzunehmen, kann der erste Schritt zur Befreiung sein. Das bedeutet konkret, innehalten im vergeblichen Kampf gegen die Sucht und schauen, wahrnehmen, was wirklich ist und was man wirklich braucht. Wie eine meiner Bekannten just in der Zeit mit dem Rauchen aufhörte, als Auseinandersetzungen infolge ihrer Scheidung existenzbedrohende Dimensionen annahmen und sie bis an den Rand ihrer Kräfte belasteten. „Ich sehe nicht ein, warum ich mir auch noch selbst schaden soll – das versuchen andere schon genug", erklärte sie.

Solange die Sucht jemandem die Wahrnehmung dessen verstellt, was er wirklich braucht, geht es ihm wie in einem alten Witz jenem Betrunkenen, der an einer Litfaßsäule Halt findet und sich daran weitertastet, einmal, zweimal, dreimal um die Säule herum. Dann bricht er zusammen und schluchzt: „Mein Gott, eingemauert!"

Echtes und unechtes Helfen

„Ich bin wichtig und du bist wichtig" – statt so zu empfinden, sind manche Menschen der Überzeugung, „nur du bist wichtig. Ich habe nur soweit ein Lebensrecht, wie du mich brauchst." Wir sind dieser Einstellung bereits in den Abschnitten „Ich bin schuld" (s. S. 90 ff) und „ ‚Sei dankbar!' " (s. S. 90 ff) begegnet. Die Haltung, nur für andere da zu sein, ist so jemandem selbstverständlich. So selbstverständlich, daß er sich ihrer kaum bewußt ist, sie erst recht nicht in Frage stellt, und Menschen für selbstsüchtig hält, die anders leben, die sich selbst auch wichtig nehmen, die in der Lage sind, sich zu wehren, sich für ihre eigenen Ziele einzusetzen und um sie zu kämpfen.

Verfügt jemand, der sich selbst nicht wichtig nimmt, über eine starke Vitalität, über Durchsetzungskraft, so setzt er diese bereitwillig für andere ein. Er erscheint wie ein Pferd, das fremde Lasten zieht, wie ein kräftiger Sklave, der für seinen Herrn arbeitet. Geht es aber darum, dieselbe Kraft für sich selbst einzusetzen, so ist er hilflos: das vermag er nicht. Eine Sachbearbeiterin zum Beispiel setzte sich als Mitglied des Betriebsrates ihrer Firma kämpferisch erfolgreich gegen Ungerechtigkeiten zur Wehr, die den Angestellten drohten. Sie war jedoch außerstande, sich gegen die dauernde Arbeitsüberlastung zu verwahren, die ihr wegen ihrer Tüchtigkeit wie selbstverständlich aufgebürdet wurde.

Für andere zu kämpfen, das ist edel; aber für sich selbst etwas zu verlangen, das wäre egoistisch. Selbst, wenn es eben dieselbe Vergünstigung, ja nur ein Bruchteil davon wäre, die man für andere durchgesetzt hat. Im Gegenteil: gerade, weil man für sich selbst nichts zu verlangen und nichts durchzusetzen wagt, zieht man insgeheim Befriedigung aus der Gelegenheit, endlich einmal aggressiv zu sein – für andere, und wenn auch der Erfolg einem selbst nicht zugute kommt.

Wir haben gesehen, wie fremde Stimmen in der Erziehung die Wahrnehmung der eigenen Bedürfnisse und Strebungen überlagern. Wenn ein Kind ungefähr mit zwei und einem halben Jahr zum erstenmal „ich" sagt, so ist das nicht nur ein weiteres Wort in seinem allmählich wachsenden Sprachschatz. Das erste „ich" ist ein fast ebenso wichtiges Ereignis wie sein Geburtstag. Jetzt ist es nicht mehr in der gefühlshaften Einheit mit der Mutter geborgen, sieht nicht mehr sich mit den Augen der Mutter als „Peter" oder „Laura", es beginnt Ich zu werden, Zentrum seiner Welt. Es ist nicht mehr eingebettet in naturhafte Ureinheit, es beginnt sich zu vereinzeln zu einem Individuum. Nur wer in seinem Leben diesen Weg fortsetzt, ganz Ich wird, kann auch ganz Du sagen, wird begegnungsfähig. Der Weg ist deswegen nicht einfach, weil er in die Vereinzelung führt. Ist die Angst vor der Ungeborgenheit des einzeln Seins größer als der Mut zur Selbstentfaltung, so lehnt das Kind sich lieber weiter an die Mutter an, sucht wie bisher Schutz im Schoß der Familie, statt sich ins Freie, in die Fremde zu wagen und dort das Eigene zu erobern.

Was können Mütter, was können Große tun, um dem Kind die Eigenständigkeit nicht bedrohlich erscheinen zu lassen? Am wichtigsten ist die Grundeinstellung, die das Kind als werdende Person wahrnimmt, ernst nimmt und bejaht. Die es nicht als Ungehorsam wertet, wenn das Dreijährige dauernd „nein" sagt und „ich will aber"; die darin vielmehr die Ansätze zur Eigenständigkeit und Willensbildung achtet, welche ebenso geübt werden wollen wie das Laufen und jede andere Fähigkeit. Im „ich" sagen, besonders in dem Verlangen „ich will es selbst tun", zeigt sich der Wunsch nach Selbstentfaltung und Unabhängigkeit. Jedes Kind, das irgend etwas zum ersten Mal selbst macht, ist schöpferisch, es hat für sich selbst etwas entdeckt, was es zuvor noch nie getan hat. „Ich hab's gemacht! Selbst!" Zunächst macht es das so, wie es dies bei den Großen gesehen hat. Nachher probiert es für sich selbst aus, ob es auch anders geht. Erwachsene, die solche Versuche ihres Kindes, Dinge selbst zu machen und anders zu machen, ermutigen, behutsam und möglichst unmerklich unterstützen und vor allem nicht lächerlich machen oder mit Ungeduld frustrieren, die helfen ihm auf seinem Weg zur Selbständigkeit.

Das heißt beileibe nicht, daß die Erzieher ganz zurückstehen sollten in ihren Eigeninterressen, nur damit das Kind sich ungestört entfalten kann. Das wäre eine unrealistische und damit letztlich lebenshinderliche Unterdrückung der Rechte der Erwachsenen. Nur wenn in einer Gemeinschaft alle Mitglieder wichtig sind, wenn die Interessen aller so weit wie möglich beachtet werden, kann jeder gedeihen. Die Haltung von Erziehern oder Müttern, die sagen „wir sind doch nur für die Kinder da" ist historisch bei den Pionieren der „Kinderrechte" verständlich, als Ausschlagen des Pendels nach der entgegengesetzten Seite. „Doch wer nur für die Kinder da ist, verliert sich selbst; und wen kennen dann die Kinder?"[33] Auch für die Erziehung kleiner Kinder gilt: „Ich, der Erwachsene, bin wichtig, und ich sorge dafür, daß meine Bedürfnisse nicht mehr als nötig durch dich, das Kind, eingeschränkt werden; und du, das Kind, bist wichtig, und bei der Entfaltung deiner Persönlichkeit mit ihren Eigenschaften und Begabungen will ich dir helfen und dich so wenig wie möglich dabei einschränken."

Wird dagegen ein Kind in seiner Kreativität und wachsenden Eigenständigkeit fortwährend frustriert, indem die Großen ihm alles abnehmen, es nichts selbst machen lassen, oder aber indem sie es ganz allein lassen und nicht beachten, so schafft diese Frustration Entmutigung, Ärger, Zorn. Wohin mit der Aggression? Zeigt man sie, wird man noch mehr eingeschränkt. Besser, man verhält sich brav. Einfaches Bravsein reicht manchmal nicht, die andrängenden Wünsche nach Eigenständigkeit und die Wut darüber, daß man alles immer so machen muß, wie es die Großen vorschreiben und daß man dabei immer kontrolliert und verbessert wird, zu unterdrücken. Um die Wut zuverlässig unten zu halten, ist man besonders brav, besonders lieb, besonders freundlich. Dafür wird man auch besonders geliebt. Man verzichtet auf Eigenständigkeit und erhält Wärme, Nähe, Geborgenheit; oder man wird wenigstens in Ruhe gelassen, wenn man nicht stört. Der Verzicht auf gesunde Selbstentfaltung kleidet sich in Bescheidenheit, die weite Bereiche der bürgerlichen Erziehungsideologie bestimmt: zum Beispiel gilt es als unfein, einen Brief nach der Anrede mit „ich" zu beginnen; und auf dem Land, wo Mütter meist sehr liebevoll mit ihren Kindern sind, aber nicht viel Zeit für sie aufwenden können, werden Säuglinge lange, ehe sie überhaupt gehorchen und sich widersetzen können, als „brav" bezeichnet, wenn sie wenig schreien und nachts bald durchschlafen.

Wie der Verzicht auf Eigenwillen und der unterdrückte Zorn auf jene, die diesen Verzicht fordern, zu der Überzeugung führen kann, daß man selbst an allem schuld sei, wurde bereits dargelegt. Es gibt zudem noch einige andere Konsequenzen. Da man es nicht übt, für sich um etwas zu bitten oder gar es zu fordern, lernt man nicht sich durchzusetzen und erwartet, andere würden die Lebensbewältigung für einen erledigen. Man ist zum Beispiel gekränkt und hält den anderen für einen groben Egoisten, wenn der nicht merkt, daß man für sein Frühstücksei das Salzfaß braucht, das in dessen Reichweite steht. Aber weder bittet man ihn darum, es einem zu geben, noch reicht man an ihm vorbei über den Tisch und nimmt es sich selbst. Nein, man wartet schweigend, daß der andere endlich merke, was man braucht. Merkt der es nicht, so ißt man sein Ei schließlich salzlos, und der andere ist schuld und ahnt nichts davon. Man selbst ist dagegen immer höflich, reicht Salzfäßchen, Brotkorb und Butterdose dorthin, wo sie gebraucht werden, oft im wahren Wortsinn zuvorkommend, ehe nämlich der andere selbst merkt, daß er es gleich benötigt.

Was äußerlich wie Bequemlichkeit, ja Trägheit bei einem so Gehemmten erscheint, ist im inneren Erleben eher so etwas wie eine Lähmung. Man kann auch schwer nein sagen zu den Ansprüchen anderer. „Am liebsten würde ich sagen, sie soll mich doch in Ruhe lassen mit ihren Angelegenheiten, ich habe noch so viel zu arbeiten und habe doch selbst viel größere Sorgen. Aber das kann man nicht so sagen, und dann denke ich auch, es ist ja schön, daß sie Vertrauen zu mir hat", sagt eine Angestellte über die geschwätzige Kollegin.

Demut, Mut zu dienen, ist ein großes und edles Vermögen dessen, der seine Kraft einem Größeren oder einer Idee zur Verfügung stellt. Hier aber handelt es sich nicht um echte Demut, sondern um die Unfähigkeit, zu sich selbst zu stehen und sich gegen Störendes zu verwahren. Dennoch wertet man diese Unfähigkeit vor sich selbst als sittliche oder gar religiöse Kraft auf und hält sich ganz insgeheim für moralisch jenen überlegen, die für sich selber sorgen können. Manchmal werden sogar Phantasien entwickelt, man sei ausersehen sich zu opfern, um mit dem Verzicht auf eigene Ansprüche ein Gegengewicht für das Böse in der Welt zu schaffen. Das kann sich bis zu einem Erlöserwahn steigern. Dabei ist sicher richtig, daß, wenn die Welt „erlöst" werden soll, jeder bei sich selbst anfangen muß, das Gute zu entfalten und das Böse zu bekämpfen. Aber das geht nicht, indem man von vornherein darauf verzichtet, eigene Fähigkeiten zu entwickeln.

Mit der Durchsetzungskraft wird auch die Aggression unterdrückt und nicht mehr wahrgenommen, weder bei sich selbst noch bei anderen. Infolgedessen erhält das Gebaren des Betreffenden etwas Beschwichtigendes, Versöhnliches, Pastorales. „Zu wenig Phantasie für das Böse" [34] haben diese Menschen, und unter der Devise „dem Reinen ist alles rein" versuchen sie, ihre Mitwelt zu verbessern, indem sie das Böse übersehen oder umdeuten. Melden eigene aggressive Regungen sich, so werden sie mit vermehrter Anstrengung, freundlich und liebevoll zu reagieren, in ihr Gegenteil verkehrt. Mir ist zum Beispiel eine Frau bekannt, die während ihrer Ehe mit einem leichtlebigen und unzuverlässigen Mann, an dem sie sehr hing und immer noch hängt, dessen Werkstatt am Funktionieren hielt, indem sie neben der eigenen Berufstätigkeit dort täglich nach dem rechten sah. Auf Kinder, die sie sich sehr gewünscht hatte, verzichtete sie, weil er keine wollte. Um ihnen beiden einen alten Traum zu erfüllen und um die kriselnde Ehe zu retten, baute sie ihnen ein Einfamilienhaus, woran er sich finanziell und handwerklich nur äußerst geringfügig beteiligte. In der gleichen Zeit aber zeugte er mit seiner Freundin ein Kind. Die Frau war sogar bereit, dieses Kind zu adoptieren, er bestand jedoch auf Scheidung, um mit der Mutter des Kindes zusammenzuleben. Nach einigen inneren Kämpfen überließ die Frau dem neuen Paar das schwer erarbeitete Haus, weil sie allein eher eine Wohnung finden könne als der Mann, der jetzt zu dritt sei. Den Garten würde sie vermissen, meinte sie traurig. Diese Bemerkung war alles, was sie an Traurigkeit zu äußern vermochte. Statt Enttäuschung und Zorn zu spüren überlegte sie, ob sie für das Baby, das die Freundin des Mannes erwarte, Babywäsche besorgen und Sachen zum Anziehen stricken solle. Sie habe doch jetzt so viel Zeit, wo sie abends immer allein sei.

Psychodynamisch hat die Umwandlung von Wut in gütiges Helfenwollen mehrere „Vorteile". Zum einen wird die Wahrnehmung der Wut vermieden und so auch die seelische Auseinandersetzung und fällige innere Distanzierung vom noch immer geliebten Mann umgangen. Zum anderen bringt das Helfen die Betreffende in die Nähe des Mannes und seines Lebensraumes (bezeichnenderweise nimmt trotz der laufenden Scheidung die Frau sich weiterhin der Buchführung des Betriebes an, ohne jegliches Entgelt natürlich). Und schließlich gibt sie jemand anderem – in diesem Fall dem Neugeborenen – das, was eigentlich sie selbst braucht, nämlich Zuwendung und liebevolle Aufmerksamkeit. Und dies ist der springende Punkt zum Verständnis des geschilderten Verhaltens: vom Krabbelalter an hat der oder die Betreffende gelernt, daß sein Eigenwille und seine Wünsche die anderen „böse" macht. Um ihnen emotional nahe zu bleiben, versetzt er sich in die anderen, erspürt deren Bedürfnisse früher als sie selbst, verzichtet auf eigene Wünsche und befriedigt diese stattdessen am anderen. Der andere, dem man das gibt, was man eigentlich selbst braucht, hat immer eine symbolische Ähnlichkeit mit dem Helfenden, so daß es für sein Unbewußtes er selbst ist, dem er hilft. So ist es kein Zufall, daß die eben erwähnte Frau sich das Baby aussucht, von dem sie annimmt, daß es – sie schildert die Rivalin als ähnlich unzuverlässig und unbekümmert wie ihren Mann – von den Eltern recht vernachlässigt werden wird. Allein gelassen, ganz hilflos und nackt, „entkleidet" der bisherigen Wohnung und des gemeinsamen Lebens, richtet sie ihre Hilfsbereitschaft auf jemanden, dem es, wie sie meint, nicht anders geht als ihr und der sich noch weniger helfen kann. Psychologen nennen diesen Vorgang „altruistische Abtretung". „Ich brauche nichts für mich, ich bin zufrieden, wenn es dir gut geht", läßt sich diese Einstellung in Worte fassen. Sie ist von den Helfenden selbst deswegen nicht leicht zu erkennen, weil sie im bewußten Erleben mit echter Zuneigung zu verwechseln ist. Wo liegt der Unterschied?

Die altruistische Abtretung beruht gar nicht oder zumindest nicht allein auf Zuneigung zum anderen, sondern auf der Abwehr eigener Wünsche. Wer partnerschaftlich liebt, nimmt dagegen den Geliebten *und* sich selbst wahr: „Ich bin wichtig und du bist wichtig, ich fördere dich und du förderst mich, wir sind gegenseitig zueinander gut."

Die eigenen Bedürfnisse werden nun aber nicht vernichtet oder neutralisiert, wenn man andere statt sich selbst befriedigt oder aggressive Gefühle durch Übergüte abwehrt. Sie treten lediglich nach außen nicht in Erscheinung. Der Betreffende erscheint besonders friedfertig, bedürfnislos, verständnisvoll. Die Energie des Verdrängten richtet sich nach innen, gegen ihn selbst. Dort kann sie, wie bereits dargestellt (s. S. 64), Schuldgefühle, sie kann aber auch Depressionen hervorrufen. Oft geschieht beides zugleich.

Depression heißt Niedergeschlagenheit. Was wird niedergeschlagen? Die Wahrnehmung eigener Bedürfnisse, die Wut über ihre Verhinderung; und beides schafft die depressive Traurigkeit, die grundlos zu sein scheint, weil ihr Grund nicht bewußt werden darf. „Du sollst nicht merken"[35] – nicht merken, daß du gar nicht dein eigenes Leben lebst, sondern es opferst für die „Zuneigung" derer, denen du nicht als du selbst wichtig bist, die dich bloß angepaßt haben wollen und bequem und hilfsbereit. Die depressive Traurigkeit, die das Erleben dessen durchzieht, der altruistisch seine Wünsche am anderen befriedigt, und das schlechte Gewissen, das seine Schwermut begleitet, sind Anzeichen dafür, daß sein Verhalten nicht nur aus Zuneigung, sondern auch aus der Abwehr eigener Ansprüche entsteht. Wird die Depression nun wiederum damit bekämpft, daß man anderen gibt, was man selbst brauchen würde, so verselbständigt sich die Haltung der Einfühlung in andere und des Helfens: je unerfüllter man selbst sich fühlt, desto mehr an Zuneigung und Hilfe stopft man in andere hinein, und umso leerer bleibt man selbst zurück, bis die Seele einer abgemagerten Grasmückenmutter gleicht, die unermüdlich Nahrung für ein fettes Kuckucksjunges herbeiträgt. Die Umgebung hat sich daran gewöhnt, daß die kleine Grasmücke nur für andere lebt, sie will es ja nicht anders, und ihre Hilfsbereitschaft ist für die anderen bequem.

Erstreckt sich die Hilfe des Altruisten auf einen weiteren Außenbereich, so werden nahe Angehörige, der Partner zum Beispiel und die Kinder, oft nicht als eigenständige Personen wahrgenommen, sondern werden als Teile des eigenen Selbst gnadenlos in den Prozeß der Abwehr durch Uneigennützigkeit eingespannt.

Die Erwartungshaltung und Wertschätzung der Umgebung zementiert die Verzichtshaltung, zusammen mit ihrer sie begleitenden ideologischen, religiös oder sozial motivierten Aufwertung vor sich selbst. Um das alles zu durchschauen, müßte man in Frage stellen, ob denn den anderen bejahen zugleich sich selbst verneinen heißt.

Wie böse, wie grausam sind sie, diese Braven, Angepaßten und Hilfreichen! Keinem schlagen sie eine Bitte ab, jedem tun sie was Gutes, gegen alle sind sie loyal – nur sich selbst behandeln sie wie den letzten Dreck. Gefühllos gegen sich selbst peitschen sie sich bis zur äußersten Leistung – für andere. „Wenn Sie zu sich nur halb so gut wären wie zu denen, für die Sie sich so einsetzen", sagte ich zu der zuvor erwähnten Sachbearbeiterin. Sie schüttelte den Kopf, erschrocken über die Zumutung und traurig zugleich: „Das ist unmöglich."

So jemand lebt wie in einem Gefängnis, was von außen niemand vermutet. Denn äußerlich sind sie freundlich und einfühlsam. Wie soll man ahnen, daß es innen ganz anders aussieht, daß ihre Freundlichkeit Abwehr ist, eine Mauer gleichsam, die auf der Innenseite aus Selbstentwertung und depressiver Ichverneinung besteht? Drin in diesem Gefängnis aus Altruismus und Selbstverachtung hausen nie wahrgenommene Wünsche, dämonisch verzerrt wie alles, was wir verdrängen, aber voller hilfreicher Kraft, wenn sie ans Licht des Bewußtseins gelassen werden. Die Wut erscheint uns nur so lange zerstörerisch, solange sie gefangengehalten wird, die Sehnsucht nach eigener Befriedigung nur so lange als maßlose Gier, solange sie nie gestillt wurde.

Erst, wenn einer nicht mehr helfen *muß*, um sich wertvoll zu fühlen und dabei zu verdecken, was ihm fehlt, erst dann kann er wahrhaftig helfen. Ich will nicht bestreiten, daß auch aus unbewußten Motiven stammendes Helfen hilfreich sein kann – für die Empfänger. Aber klarsichtig ist es nicht, und insofern auch nicht wahrhaftig. Ebensowenig wie Abhängigkeit von einem anderen Menschen aus unbewußten Motiven Liebe ist, denn zur Liebe gehört Wahrhaftigkeit und Klarheit.

Beim wahrhaftigen Helfen entsteht die Einfühlung in die Wünsche des Bedürftigen nicht durch Verdrängen, sondern im Gegenteil aus der Kenntnis der eigenen Bedürfnisse. Ich kenne zum

Beispiel zwei alte Männer, von denen einer seit früher Kindheit blind ist. Der andere, sein Freund, war, nachdem ihm bei Malerarbeiten ungelöschter Kalk in die Augen gespritzt war, ebenfalls 30 Jahre lang blind. Vor einigen Jahren erhielt er durch eine Augenoperation einen Teil seines Sehvermögens zurück. Seither holt er den anderen, den Blinden, zu Spaziergängen und Wanderungen ab, wann es ihm immer möglich ist. Er kann immer noch nicht so gut sehen wie andere, aber er weiß nach den im Dunkel verbrachten Jahren, wie sehr sein blinder Freund sich freut, wenn er kommt.

Der gesunde Gegensatz zur „altruistischen Abtretung" ist nicht die egoistische Selbstbefriedigung. Beide Haltungen sind gleich kurzsichtig, gleich unwahrhaftig und gleich dumm, denn beide sehen jeweils nur eine Hälfte des Ganzen und damit das Ganze gar nicht. In Wirklichkeit sind Menschen miteinander verbunden und voneinander abhängig. Je deutlicher ich die eigenen Wünsche spüre, umso genauer kann ich auch die anderer Menschen wahrnehmen. Erst auf dieser Grundlage gedeiht echtes Helfen. Eine alte Geschichte über den Unterschied von Himmel und Hölle bringt dies zum Ausdruck:

In der Hölle sitzen die Verdammten an langen Tischen mit Schüsseln voller köstlicher Speisen. An ihren Armen sind Löffel befestigt, die zu lang sind, als daß sie ihren Mund erreichen könnten. Immer wieder versuchen sie, ein wenig in ihren Mund zu bringen, vergeblich – sie sitzen verhungernd am reich gedeckten Tisch. Im Himmel sieht es genauso aus. Nur dort füttern sie einander gegenseitig.

Verantwortlich für dich
bist ganz allein DU

Was auch immer unsere Bestimmung sein mag, nur als wir selbst
können wir sie erfüllen. Denn sonst wären wir nicht der Mensch,
der wir sind, sondern ein anderer. Von Rabbi Sussja berichtet Martin Buber unter der Überschrift „Die Frage der Fragen":

> Vor dem Ende sprach Rabbi Sussja: „In der kommenden Welt
> wird man mich nicht fragen: ‚Warum bist du nicht Mose gewesen?' Man wird mich fragen: ‚Warum bist du nicht Sussja gewesen?' " [36]

Im Keller unseres Unbewußten ist ein Schatz verborgen, durch
dessen Besitz wir ganz selbst werden. Wie gelangen wir in unseren
Keller, wo suchen wir den Schatz?

Die dargestellten Verhaltensweisen – Eifersucht, Neid, Ordnungsfanatismus, Schuldzuweisung, sich Hetzen und sich Ablenken, Mißtrauen, Sucht und Helferwahn – sind Zeichen eingeschränkter Lebendigkeit. „Eingeschränkte Lebendigkeit" ist Lebendigkeit, die in einem Schrank verschlossen, also eingesperrt ist.
Eingesperrt wie ein Gefangener. Die Symptome, Putzen, sich Abhetzen, Trunksucht zum Beispiel, sind Zeichen der Gefangenschaft, sind Schreie Gefangener, die einzigen Signale, die durch die
dicken Mauern eines Verließes nach außen dringen.

Das Verließ ist unsere Alltagsfassade. Gefangen sind Wünsche,
Begabungen und Kräfte – unsere besten Fähigkeiten, die einst gestört haben, und dafür haben wir sie versteckt und weggesperrt.
Gefangen sind unsere Sehnsucht nach Nähe und die Kraft, unseren Platz in der Welt zu erobern, um dort zu blühen und fruchtbar
zu sein. Wir haben unsere Wünsche versteckt und vergessen, damit alles in Ordnung ist, damit wir nicht stören, damit wir dazugehören und nicht gescholten werden. Ist alles in Ordnung? Solange

unsere Lebendigkeit sich klaglos einschränken läßt, scheint es so. Wir wissen nicht und können nicht ahnen, welche Schätze, welcher Einfallsreichtum, wieviel Kraft und wieviel Liebesfähigkeit in uns verschlossen sind, solange die Gefangenen sich ruhig verhalten. Aber wenn sie anfangen sich zu wehren, wenn sie meutern und nach Freiheit brüllen, dann wird die gewohnte Alltagsordnung gestört.

Symptome sind Kompromisse zwischen einem Wunsch und seinem Verbot, Zeichen der Störung und zugleich Ablenkung auf Ersatz. Einem Zwangsneurotiker, den nichts als seine berufliche Stellung interessierte und der dort reibungslos angepaßt funktioniert hätte, wäre er nicht zum Alkoholiker geworden, sagte ich, daß seine Sucht mir als letztes Zeichen seiner Lebendigkeit erschiene. Ungläubig meinte er, sein früherer Therapeut habe gesagt, Trunksucht sei Selbstmord auf Raten. Beides stimmt. Symptome hatten und haben einen Sinn, und wenn man den Sinn versteht, ist man den Symptomen nicht mehr ausgeliefert.

Einst hatten sie den Zweck, uns überleben zu lassen in einer bedrohlichen Umgebung. Jetzt ist ihr Sinn, uns zu unserem vergessenen Reichtum zu führen. Wenn wir dort angelangt sind, begegnen wir uns selbst in Gestalt ausgemergelter, unentwickelter Jammergestalten, haßerfüllter, macht- und rachedurstiger Zerstörer und armseliger, halb erfrorener Kinder. Wer hätte das gedacht, daß der Schatz im Keller eine Schar vernachlässigter Gefangener ist![37]

Wir müssen sie befreien und ihnen Aufgaben in unserer Existenz zuweisen. Die im Kerker unentwickelt gebliebenen, die abstoßend und grob gewordenen Kräfte werden sich dann in Freiheit entwickeln und wunderschön werden. Die aber, die bösartig und gemein bleiben, die müssen wir in Schach halten und dürfen nicht zulassen, daß sie uns oder andere schädigen. Doch wo die zerstörerische Kraft nötig ist, werden wir uns ihrer bedienen, gegen Feinde, zur Vernichtung des Bösen.

Und was geschieht mit den Symptomen, die uns den Weg in den Keller, in unser inneres Gefängnis gezeigt haben? Jede der Verhaltensweisen, die uns heute stören, hat auch eine positive Seite. Sie war einmal notwendig zum Überleben, notwendig, um unsere Würde zu schützen, notwendig, um Angst zu vermeiden. Ehe wir ein Symptom, das uns stört oder gar zerstört, ablegen, sollten wir

uns daran erinnern, daß es uns einst half. Wir sollten uns respekt-
voll von ihm verabschieden, aber es nicht völlig ausschließen aus
unseren Verhaltensmöglichkeiten, denn es könnte in der Zukunft
Gelegenheiten geben, wo es uns nützlich sein kann.

Im Besitz unserer bisher unterdrückten Möglichkeiten gelangen
wir dahin, daß wir so werden, wie wir eigentlich sein können. Wir
brauchen dann keine Kraft mehr aufzuwenden, um andere Kräfte
zu unterdrücken. Wir brauchen kein Gefängnis mehr und keine
fremden Stimmen. Wir entscheiden selbst, welche Sehnsucht wir
uns erfüllen wollen, auf welche Wünsche wir verzichten. Wir allein sind verantwortlich dafür, wie wir unser Leben gestalten, wie
wir anderen begegnen, wie wir unserer Bestimmung gemäß leben.

Wir sind erwachsen geworden.

Erlösung der Eltern

Menschen leben an ihrer Bestimmung vorbei, wenn sie ihre Wünsche nicht wahrnehmen. Wenn sie den fremden Stimmen der Moral, der Werbung und der falschen Autoritäten gehorchen. Wenn die Angst, etwas falsch zu machen, die Stelle von Lebenslust einnimmt. Diese Einschränkung der eigenen Lebendigkeit ist die Folge davon, daß der Betreffende sich selbst nicht mehr wichtig und nicht wahrnimmt. Daß er sich an Ersatz gewöhnt hat, der ihn von seinem eigentlichen Leben ablenkt. Diese Selbstverleugnung stammt aus jenen Kindertagen, in denen die Eltern das Kind nicht ernst, nicht wichtig nahmen, es in seiner Eigenständigkeit nicht respektierten. So lernt der Erwachsene, sich selbst zu täuschen, in der Außenwelt etwas zu suchen, was ihm innen fehlt, mit Ersatzgefühlen und Ersatzhandlungen eine Sehnsucht zu beschwichtigen, derer er sich schämt, weil er vergessen hat, daß ohne die Gewalt der Sehnsucht kein Leben gelingen kann.

Wenn Erziehung uns so weit von uns selbst zu entfernen vermag, wäre es dann nicht besser, wir kämen ohne Eltern aus? Ist die Angewiesenheit des Menschenkindes auf Schutz und Pflege durch Erwachsene eine Sackgasse der Evolution, ein Fehler in der Schöpfung, ein Irrtum des Schicksals? Nein! Wären wir Menschen nicht eingefügt in die Kette der Generationen und nicht eingebettet in die Gemeinsamkeit der Familie, dann wüchsen wir als beziehungslose Einzelwesen auf, isoliert, kontaktunfähig, stumm. Wir wären nicht fähig zu lieben.

Wenn daher unsere Eltern uns falsch behandelt oder zu wenig geliebt haben, ist das kein Grund, an Elternschaft und Liebe zu zweifeln, sondern Ansporn, bessere Eltern zu sein. Wir selbst müssen zu unseren Eltern werden und uns selbst so lieben, wie wir hatten geliebt werden wollen. Dann können wir auch unsere Kinder so lieben, wie sie es brauchen. Denn in demselben Augenblick, in dem uns bewußt wird, wie unsere Eltern uns gegenüber versagt haben, ist dieses Versagen in unsere eigene Verantwortung gestellt.

Wie gehen wir mit dieser Verantwortung um? Verantwortung übernehmen heißt, aufhören, andere zu beschuldigen und anfangen, die Dinge selbst in die Hand zu nehmen s. S. 66 f.). Ein erster Schritt ist, sich zu erinnern. Er besteht darin, als das Kind, das wir waren, den Eltern von damals wieder zu begegnen. Mitleid mit diesem Kind mischt sich mit Zorn auf jene, die es in seiner Lebendigkeit beeinträchtigt haben. Dieser Zorn ist vielleicht seit langem das erste echte Gefühl unseren Eltern gegenüber; indem wir Zorn erleben, können sich unsere Gefühle verändern.

Eine depressive Frau, von Beruf Krankenschwester, die den Grund für ihre Schwermut, ihre Ängste, ihre Schlafstörungen und Selbstzweifel in ihrer Kinderangst vor dem autoritären und unberechenbar bösartigen Vater suchte, träumte von eben diesem Vater, nachdem sie sich in ihrer Therapie mit Zorn und Trauer seiner erinnert hatte. In der Realität war er vor mehr als zehn Jahren gestorben, ohne daß sie sich mit ihm versöhnt hatte. Bei seinem Begräbnis hatte sie sich vereist gefühlt, kalt, gleichgültig, sogar erleichtert. Im Traum erschien er ihr ganz anders als im Leben. Er begegnet ihr auf der Straße als hilfsbedürftiger, freundlicher Greis. Aus seinen Hosenbeinen rinnt Kot. Sie nimmt ihn mit in ihre Wohnung, um ihn zu säubern.

Was sagt ein solcher Traum der Träumerin? Sie verstand, daß es Zeit sei, dem Vater zu begegnen, sich mit ihm auseinanderzusetzen, ihn anders zu sehen. Daß er greisenhaft erschien, deutet auf vergangene und vergessene Erlebnisse hin, die ans Licht wollen, und darauf, daß es um Abschied vom „inneren Vater" geht; die Freundlichkeit des Vaters im Traum zeigt auf jene Seiten, die auch dagewesen, aber hinter seinem bösen Verhalten zurückgetreten waren. Über die verschmutzten Hosen sagte sie, er habe in seinem Leben so viel Scheiße gemacht, und die habe eine Mauer zwischen ihr und ihm entstehen lassen. Diese Mauer habe ihr auch den Zugang zu anderen Männern verbaut.

Ihr Vater ist tot. Aber sie lebt noch mit ihm. Sie hat ihn in ihrem Gefühl nicht sterben lassen, sondern hat Wut und Zorn, Trauer und Sehnsucht gleichsam tiefgekühlt, in Schwermut leblos verschlossen, in Depressivität versteckt. Daß sie träumt, sie nehme den Vater mit in ihre Wohnung, heißt, sie soll ihn nicht weiterhin draußen lassen, außerhalb ihrer bewußten Existenz. Sie soll ihn hereinholen in den Bereich, in dem sie lebt, ihn reinigen, auch von Schuld reinigen, und sehen, daß er trotz des Versagens auch gute Seiten hatte. Der Traum spricht auch von der Hilflosigkeit des Vaters. Er kann nichts mehr ändern. Sie, die Tochter, muß es tun. Sie ist lebendig, sie wird belastet von dem inneren Vater, sie muß die Schuld, die dieser ungeduldige und kranke Mann ihr gegenüber auf sich geladen hat, in ihre eigene Verantwortung nehmen. Einfach deswegen, weil sie lebt. Dieser Traum leitete eine Serie von Träumen ein, in denen sie zu ihrer Verwunderung ihren „guten Vater" entdeckte. Die Träume hinterließen in ihr ein großes Glücksgefühl.

Ihr „innerer Vater" wandelte sich von einer destruktiven Kraft, die sie in Angst versetzte und oft nicht schlafen ließ, zu einem freundlichen Menschen. In Trauer darüber, wie wenig Nähe ihr zu diesem Vater in Wirklichkeit möglich gewesen war, nahm diese Frau Abschied von ihm und erlaubte sich selbst ihre Sehnsucht und ihre Liebesfähigkeit.

Der Gehorsam der angepaßten Kinder entwickelt sich zu Angst und depressiven Selbstzweifeln des Erwachsenen. Hinter den Selbstzweifeln steht Wut. Es ist befreiend, Wut und Zorn zu spüren, wo man bisher brav war und angepaßt. Aber Wut und Zorn sind nicht die letzte Wahrheit. Wenn wir im Hader mit den Eltern weiterleben, schleppen wir unsere Sehnsucht und unsere Liebe zu ihnen unerlöst mit uns herum. Zorn soll zu Trauer werden, in der Trauer sollen wir die Sehnsucht finden. Dann haben wir die Eltern erlöst und uns selbst befreit.

ANMERKUNGEN

[1] Victor Auburtin, Federleichtes, München 1953, S. 29.

[2] La Rochefoucauld, Maximen, übers. von E. Hardt, München u. Berlin 1937, S. 21, Maxime 32.

[3] Reinhold Ruthe 1976 schildert die aus Geschwisterrivalität entstandene Eifersucht ausführlich.

[4] Hildegard Baumgart 1985, S. 191.

[5] Hildegard Baumgart 1985, S. 193.

[6] Hildegard Baumgart 1985, S. 197 f.

[7] Deng Xiaoping, zit. in der Süddeutschen Zeitung vom 8. 9. 1984, S. 140.

[8] Otto Zierer, Buddha der Erleuchtete, Murnau, München, Innsbruck, Olten o. J., S. 23.

[9] Jean Cocteau, Opium. Ein Tagebuch, München 1966, S. 74.

[10] Martin Buber, Werke III: Schriften zum Chassidismus, München und Heidelberg 1963, S. 735.

[11] Menninger 1974, S. 336.

[12] Bertold Brecht, Gesammelte Werke Band 9, Frankfurt am Main 1967, S. 585.

[13] Martin Buber, a. a. O., S. 737.

[14] Süddeutsche Zeitung vom 27./28. 7. 1985, S. 3.

[15] V. E. Freiherr von Gebsattel, Prolegomena einer medizinischen Anthropologie, Berlin 1954, S. 2–4.

[16] Dieter E. Zimmer, Wenn wir schlafen und träumen, München 1984, S. 71. Vergl. auch H. Schulz, R. Lund, Unser 25-Stunden-Tag, in: Psychologie heute, Beltz, Weinheim, 4,5,50, 1977.

[17] Gottfried Keller, Der grüne Heinrich, München 1960, S. 46 f.

[18] Bernhard Hassenstein, Verhaltensbiologie des Kindes, München, Zürich 1973, S. 21 f. Vergl. auch Liedloff 1980.

[19] Rainer Maria Rilke, Sämtliche Werke Erster Band, Frankfurt am Main 1955, S. 400.

[20] Erikson 1971[4], S. 241.

[21] Gewaltverbrechen und Eigentumsdelikte werden nahezu ausschließlich von Menschen begangen, die in der beschriebenen liebeleeren Atmosphäre aufgewachsen waren, egal, ob sie aus Barackenlagern Asozialer oder aus Industriellenvillen stammen. Vergl. Wolfgang Werner, Vom Waisenhaus ins Zuchthaus, Frankfurt am Main 1969.

[22] Ruth C. Cohn in Alfred Farau, Ruth C. Cohn, Gelebte Geschichte der Psychotherapie, Stuttgart 1984, S. 373 ff.

[23] Wörterbuch der philosophischen Begriffe, hrsg. von Joh. Hoffmeister, Hamburg 1955, S. 588.

[24] P. G. Kuiper 1968.

[25] Malcolm Lowry, Under the Volcano, Harmondsworth 1972⁷.

[26] Uschi Rodenstock, Definition des Sucht-Begriffs aus humanistisch-psychologischer Sicht, in Langsdorff 1985, S. 76 f.

[27] Christiane F., Wir Kinder vom Bahnhof Zoo, Hamburg o. J., S. 145 ff.

[28] Thomas de Quincey, Bekenntnisse eines englischen Opiumessers, Stuttgart 1962, zit. bei Schmidbauer 1984, S. 121.

[29] Schmidbauer 1984, S. 126 u. 127.

[30] Liedloff 1980, S. 165 u. 166.

[31] Elhardt 1971, S. 114 f.

[32] Langsdorff 1985, S. 217 ff.

[33] Ruth C. Cohn, a. a. O., S. 393.

[34] Riemann 1975, S. 62.

[35] Miller, A. 1981.

[36] Martin Buber, Die Erzählungen der Chassidim, Zürich 1949, S. 394.

[37] Gelegentlich wird die Befürchtung geäußert, die bisher verdrängten Impulse könnten einen überwältigen, wenn man sich seinem Unbewußten zuwende. In der Regel aber gibt das Unbewußte nicht mehr auf einmal preis, als wir auch fähig zu verarbeiten sind. Ohne Begleitung eines erfahrenen Therapeuten, zu der ich in jedem Fall rate, wird sich ohnehin selten eine kontinuierliche Auseinandersetzung mit Tiefenimpulsen und Konflikten von existentieller Tragweite entwickeln.

LITERATUR

Baumgart, H., Eifersucht, Reinbek 1985.

Cohn, R. C., Von der Psychoanalyse zur themenzentrierten Interaktion, Stuttgart 1980.

Elhardt, S., Tiefenpsychologie, Stuttgart, Berlin, Köln, Mainz 1971.

Erikson, E. H., Kindheit und Gesellschaft, Stuttgart 1971[4].

Flitner, A., Konrad, sprach die Frau Mama ..., Berlin 1982.

Freud, A., Das Ich und die Abwehrmechanismen, München 1964.

Freud, S., Drei Abhandlungen zur Sexualtheorie, 1905, Ges. W. London, Bd. 5.

−. Erinnern, Wiederholen, Durcharbeiten, 1914, Ges. W. Bd. 10.

−, Trauer und Melancholie, 1916, Ges. W. Bd. 10.

−, Über einige neurotische Mechanismen bei Eifersucht, Paranoia und Homosexualität, 1922, Ges. W. Bd. 12.

−, Hemmung, Symptom und Angst, 1926, Ges. W. Bd. 14.

Gambaroff, M., Utopie der Treue, Reinbek 1984.

Henseler, H., Narzißtische Krisen, Reinbek 1974.

Hungerbühler, E., Mellenthin, K., Warum sagst Du nicht „Nein danke"?, Frankfurt a. M. 1982.

Keleman, S., Lebe Dein Sterben, Hamburg 1977.

Kielholz, P., Ladewig, D., Die Abhängigkeit von Drogen, München 1973.

Korczak, J., Wie man ein Kind lieben soll, Göttingen 1967.

Kuiper, P. G., Die seelischen Krankheiten des Menschen, Bern/Stuttgart 1968.

Langsdorff, M., Die heimliche Sucht, unheimlich zu essen, Frankfurt a. M. 1985.

Leonhard, L., Töchter und Väter, München 1985.

Liedloff, J., Auf der Suche nach dem verlorenen Glück, München 1982.

Lusseyran, J., Gegen die Verschmutzung des Ich, Stuttgart 1972.

Menninger, K., Das Leben als Balance, München 1974.

Miller, A., Das Drama des begabten Kindes, Frankfurt a. M. 1979.

−, Am Anfang war Erziehung, Frankfurt a. M. 1980.

−, Du sollst nicht merken, Frankfurt a. M. 1981.

Orbach, S., Anti-Diätbuch, München 1978.

Packard, V., Die geheimen Verführer, Düsseldorf 1970.

Riemann, F., Grundformen der Angst, München 1975.

Ruthe, R., Zum Teufel mit der Eifersucht!, Freiburg im Breisgau 1976.

Schmalohr, E., Frühe Mutterentbehrung bei Mensch und Tier, München 1972.

Schmidbauer, W., Weniger ist manchmal mehr, Reinbek 1984.

Schoenebeck, H. von, Ich liebe mich so wie ich bin, München 1983.

Schottlaender, F., Die Mutter als Schicksal, Stuttgart 1949.

Schultz-Hencke, H., Der gehemmte Mensch, Leipzig 1940.

Spitz, R. A., Vom Säugling zum Kleinkind, Stuttgart 1967.